आंसू
और
ध्रुवस्वामिनी

आंसू और ध्रुवस्वामिनी

जयशंकर प्रसाद

ISBN: 978-93-90112-24-1

Published: -

© 2020
LECTOR HOUSE LLP

LECTOR HOUSE LLP
E-MAIL: lectorpublishing@gmail.com

आंसू
और
ध्रुवस्वामिनी

जयशंकर प्रसाद

अनुक्रम

आंसू

आंसू

इस करुणा कलित हृदय में
अब विकल रागिनी बजती
क्यों हाहाकार स्वरों में
वेदना असीम गरजती?

मानस सागर के तट पर
क्यों लोल लहर की घातें
कल कल ध्वनि से हैं कहती
कुछ विस्मृत बीती बातें?

आती हैं शून्य क्षितिज से
क्यों लौट प्रतिध्वनि मेरी
टकराती बिलखाती-सी
पगली-सी देती फेरी?

क्यों व्यथित व्योम गंगा-सी
छिटका कर दोनों छोरें
चेतना तरंगिनी मेरी
लेती हैं मृदल हिलोरें?

बस गयी एक बस्ती हैं
स्मृतियों की इसी हृदय में
नक्षत्र लोक फैला है
जैसे इस नील निलय में।

ये सब स्फुलिंग हैं मेरी
इस ज्वालामयी जलन के
कुछ शेष चिह्न हैं केवल
मेरे उस महा मिलन के।

शीतल ज्वाला जलती हैं
ईंधन होता दृग जल का
यह व्यर्थ साँस चल-चल कर
करती हैं काम अनिल का।

बाड़व ज्वाला सोती थी
इस प्रणय सिन्धु के तल में
प्यासी मछली-सी आँखें
थी विकल रूप के जल में।

बुलबुले सिन्धु के फूटे
नक्षत्र मालिका टूटी
नभ मुक्त कुन्तला धरणी
दिखलाई देती लूटी।

छिल-छिल कर छाले फोड़े
मल-मल कर मृदुल चरण से
धुल-धुल कर बह रह जाते
आँसू करुणा के कण से।

इस विकल वेदना को ले
किसने सुख को ललकारा
वह एक अबोध अकिंचन
बेसुध चैतन्य हमारा।

अभिलाषाओं की करवट
फिर सुप्त व्यथा का जगना
सुख का सपना हो जाना
भींगी पलकों का लगना।

इस हृदय कमल का घिरना
अलि अलकों की उलझन में
आँसू मरन्द का गिरना
मिलना निश्वास पवन में।

मादक थी मोहमयी थी
मन बहलाने की क्रीड़ा
अब हृदय हिला देती है
वह मधुर प्रेम की पीड़ा।

सुख आहत शान्त उमंगें
बेगार साँस ढोने में
यह हृदय समाधि बना हैं
रोती करुणा कोने में।

चातक की चकित पुकारें
श्यामा ध्वनि सरल रसीली

मेरी करुणार्द्र कथा की
टुकड़ी आँसू से गीली।

अवकाश भला हैं किसको,
सुनने को करुण कथाएँ
बेसुध जो अपने सुख से
जिनकी हैं सुप्त व्यथाएँ

जीवन की जटिल समस्या
हैं बढ़ी जटा-सी कैसी
उड़ती हैं धूल हृदय में
किसकी विभूति हैं ऐसी?

जो घनीभूत पीड़ा थी
मस्तक में स्मृति-सी छायी
दुर्दिन में आँसू बनकर
वह आज बरसने आयी।

मेरे क्रन्दन में बजती
क्या वीणा, जो सुनते हो
धागों से इन आँसू के
निज करुणापट बुनते हो।

रो-रोकर सिसक-सिसक कर
कहता मैं करुण कहानी
तुम सुमन नोचते सुनते
करते जानी अनजानी।

गैं बल खाता जाता था
मोहित बेसुध बलिहारी
अन्तर के तार खिंचे थे
तीखी थी तान हमारी

झंझा झकोर गर्जन था
बिजली थी सी नीरदमाला,
पाकर इस शून्य हृदय को
सबने आ डेरा डाला।

घिर जाती प्रलय घटाएँ
कुटिया पर आकर मेरी
तम चूर्ण बरस जाता था
छा जाती अधिक अँधेरी।

बिजली माला पहने फिर
मुसक्याता था आँगन में
हाँ, कौन बरस जाता था
रस बूँद हमारे मन में?

तुम सत्य रहे चिर सुन्दर!
मेरे इस मिथ्या जग के
थे केवल जीवन संगी
कल्याण कलित इस मग के।

कितनी निर्जन रजनी में
तारों के दीप जलाये
स्वर्गंगा की धारा में
उज्जवल उपहार चढायें।

गौरव था , नीचे आये
प्रियतम मिलने को मेरे
मै इठला उठा अकिंचन
देखे ज्यों स्वप्न सवेरे।

मधु राका मुसक्याती थी
पहले देखा जब तुमको
परिचित से जाने कब के
तुम लगे उसी क्षण हमको।

परिचय राका जलनिधि का
जैसे होता हिमकर से
ऊपर से किरणें आती
मिलती हैं गले लहर से।

मै अपलक इन नयनों से
निरखा करता उस छवि को
प्रतिभा डाली भर लाता
कर देता दान सुकवि को।

निर्झर-सा झिर झिर करता
माधवी कुंज छाया में
चेतना बही जाती थी
हो मन्त्र मुग्ध माया में।

पतझड़ था, झाड़ खड़े थे
सूखी-सी फूलवारी में
किसलय नव कुसुम बिछा कर

आये तुम इस क्यारी में।

शशि मुख पर घूँघट डाले
अंचल में चपल चमक-सी
आँखों मे काली पुतली
पुतली में श्याम झलक-सी।

प्रतिमा में सजीवता-सी
बस गयी सुछवि आँखों में
थी एक लकीर हृदय में
जो अलग रही लाखों में।

माना कि रूप सीमा हैं
सुन्दर! तव चिर यौवन में
पर समा गये थे, मेरे
मन के निस्सीम गगन में।

लावण्य शैल राई-सा
जिस पर वारी बलिहारी
उस कमनीयता कला की
सुषमा थी प्यारी-प्यारी।

बाँधा था विधु को किसने
इन काली जंजीरों से
मणि वाले फणियों का मुख
क्यों भरा हुआ हीरों से?

काली आँखों में कितनी
यौवन के मद की लाली
मानिक मदिरा से भर दी
किसने नीलम की प्याली?

तिर रही अतृप्ति जलधि में
नीलम की नाव निराली
कालापानी वेला-सी
हैं अंजन रेखा काली।

अंकित कर क्षितिज पटी को
तूलिका बरौनी तेरी
कितने घायल हृदयों की
बन जाती चतुर चितेरी।

कोमल कपोल पाली में

सीधी सादी स्मित रेखा
जानेगा वही कुटिलता
जिसमें भौं में बल देखा।

विद्रुम सीपी सम्पुट में
मोती के दाने कैसे
हैं हंस न, शुक यह, फिर क्यों
चुगने की मुद्रा ऐसे?

विकसित सरसित वन-वैभव
मधु-ऊषा के अंचल में
उपहास करावे अपना
जो हँसी देख ले पल में!

मुख-कमल समीप सजे थे
दो किसलय से पुरइन के
जलबिन्द सदृश ठहरे कब
उन कानों में दुख किनके?

थी किस अनंग के धनु की
वह शिथिल शिंजिनी दुहरी
अलबेली बाहुलता या
तनु छवि सर की नव लहरी?

चंचला स्नान कर आवे
चंद्रिका पर्व में जैसी
उस पावन तन की शोभा
आलोक मधुर थी ऐसी!

छलना थी, तब भी मेरा
उसमें विश्वास घना था
उस माया की छाया में
कुछ सच्चा स्वयं बना था।

वह रूप रूप ही केवल
या रहा हृदय भी उसमें
जड़ता की सब माया थी
चैतन्य समझ कर मुझमें।

मेरे जीवन की उलझन
बिखरी थी उनकी अलकें
पी ली मधु मदिरा किसने
थी बन्द हमारी पलकें।

ज्यों-ज्यों उलझन बढ़ती थी
बस शान्ति विहँसती बैठी
उस बन्धन में सुख बँधता
करुणा रहती थी ऐंठी।

हिलते द्रुमदल कल किसलय
देती गलबाँही डाली
फूलों का चुम्बन, छिड़ती
मधुप की तान निराली।

मुरली मुखरित होती थी
मुकुलों के अधर बिहँसते
मकरन्द भार से दब कर
श्रवणों में स्वर जा बसते।

परिरम्भ कुम्भ की मदिरा
निश्वास मलय के झोंके
मुख चन्द्र चाँदनी जल से
मैं उठता था मुँह धोके।

थक जाती थी सुख रजनी
मुख चन्द्र हृदय में होता
श्रम सीकर सदृश नखत से
अम्बर पट भीगा होता।

सोयेगी कभी न वैसी
फिर मिलन कुंज में मेरे
चाँदनी शिथिल अलसायी
सुख के सपनों से तेरे।

लहरों में प्यास भरी है
है भँवर पात्र भी खाली
मानस का सब रस पी कर
लुढ़का दी तुमने प्याली।

किंजल्क जाल हैं बिखरे
उड़ता पराग हैं रूखा
हैं स्नेह सरोज हमारा
विकसा, मानस में सूखा।

छिप गयी कहाँ छू कर वे
मलयज की मृदु हिलोरें

क्यों घूम गयी हैं आ कर
करुणा कटाक्ष की कोरें।

विस्मृति हैं, मादकता हैं
मूर्च्छना भरी हैं मन में
कल्पना रही, सपना था
मुरली बजती निर्जन में।

हीरे-सा हृदय हमारा
कुचला शिरीष कोमल ने
हिमशीतल प्रणय अनल बन
अब लगा विरह से जलने।

अलियों से आँख बचा कर
जब कुंज संकुचित होते
धुँधली संध्या प्रत्याशा
हम एक-एक को रोते।

जल उठा स्नेह, दीपक-सा,
नवनीत हृदय था मेरा
अब शेष धूमरेखा से
चित्रित कर रहा अँधेरा।

नीरव मुरली, कलरव चुप
अलिकुल थे बन्द नलिन में
कालिन्दी वही प्रणय की
इस तममय हृदय पुलिन में।

कुसुमाकर रजनी के जो
पिछले पहरों में खिलता
उस मृदुल शिरीष सुमन-सा
मैं प्रात धूल में मिलता।

व्याकुल उस मधु सौरभ से
मलयानिल धीरे-धीरे
निश्वास छोड़ जाता हैं
अब विरह तरंगिनि तीरे।

चुम्बन अंकित प्राची का
पीला कपोल दिखलाता
मै कोरी आँख निरखता
पथ, प्रात समय सो जाता।

श्यामल अंचल धरणी का
भर मुक्ता आँसू कन से
छूँछा बादल बन आया
मैं प्रेम प्रभात गगन से।

विष प्याली जो पी ली थी
वह मदिरा बनी नयन में
सौन्दर्य पलक प्याले का
अब प्रेम बना जीवन में।

कामना सिन्धु लहराता
छवि पूरनिमा थी छाई
रतनाकर बनी चमकती
मेरे शशि की परछाई।

छायानट छवि-परदे में
सम्मोहन वेणु बजाता
सन्ध्या-कुहुकिनी-अंचल में
कौतुक अपना कर जाता।

मादकता से आये तुम
संज्ञा से चले गये थे
हम व्याकुल पड़े बिलखते
थे, उतरे हुए नशे से।

अम्बर असीम अन्तर में
चंचल चपला से आकर
अब इन्द्रधनुष-सी आभा
तुम छोड़ गये हो जाकर।

मकरन्द मेघ माला-सी
वह स्मृति मदमाती आती
इस हृदय विपिन की कलिका
जिसके रस से मुसक्याती।

हैं हृदय शिशिरकण पूरित
मधु वर्षा से शशि! तेरी
मन मन्दिर पर बरसाता
कोई मुक्ता की ढेरी।

शीतल समीर आता हैं
कर पावन परस तुम्हारा
मैं सिहर उठा करता हूँ

बरसा कर आँसू धारा

मधु मालतियाँ सोती हैं
कोमल उपधान सहारे
मैं व्यर्थ प्रतीक्षा लेकर
गिनता अम्बर के तारे।

निष्ठर! यह क्या छिप जाना?
मेरा भी कोई होगा
प्रत्याशा विरह-निशा की
हम होगे औ' दुख होगा।

जब शान्त मिलन सन्ध्या को
हम हेम जाल पहनाते
काली चादर के स्तर का
खुलना न देखने पाते।

अब छुटता नहीं छुड़ाये
रंग गया हृदय हैं ऐसा
आँसू से धुला निखरता
यह रंग अनोखा कैसा!

कामना कला की विकसी
कमनीय मूर्ति बन तेरी
खिंचती हैं हृदय पटल पर
अभिलाषा बनकर मेरी।

मणि दीप लिये निज कर में
पथ दिखलाने को आये
वह पावक पुंज हुआ अब
किरनों की लट बिखराये।

बढ़ गयी और भी ऊँठी
रूठी करुणा की वीणा
दीनता दर्प बन बैठी
साहस से कहती पीड़ा।

यह तीव्र हृदय की मदिरा
जी भर कर-छक कर मेरी
अब लाल आँख दिखलाकर
मुझको ही तुमने फेरी।

नाविक! इस सूने तट पर
किन लहरों में खे लाया
इस बीहड़ बेला में क्या
अब तक था कोई आया।

उस पार कहाँ फिर आऊँ
तम के मलीन अंचल में
जीवन का लोभ नहीं, वह
वेदना छद्ममय छल में।

प्रत्यावर्तन के पथ में
पद-चिह्न न शेष रहा है।
डूबा है हृदय मरूस्थल
आँसू नद उमड़ रहा है।

अवकाश शून्य फैला है
है शक्ति न और सहारा
अपदार्थ तिरूँगा मैं क्या
हो भी कुछ कूल किनारा।

तिरती थी तिमिर उदधि में
नाविक! यह मेरी तरणी
मुखचन्द्र किरण से खिंचकर
आती समीप हो धरणी।

सूखे सिकता सागर में
यह नैया मेरे मन की
आँसू का धार बहाकर
खे चला प्रेम बेगुन की।

यह पारावार तरल हो
फेनिल हो गरल उगलता
मथ डाला किस तृष्णा से
तल में बड़वानल जलता।

निश्वास मलय में मिलकर
छाया पथ छू आयेगा
अन्तिम किरणें बिखराकर
हिमकर भी छिप जायेगा।

चमकूँगा धूल कणों में
सौरभ हो उड़ जाऊँगा
पाऊँगा कहीं तुम्हें तो

ग्रहपथ मे टकराऊँगा।

इस यान्त्रिक जीवन में क्या
ऐसी थी कोई क्षमता
जगती थी ज्योति भरी-सी।
तेरी सजीवता ममता।

हैं चन्द्र हृदय में बैठा
उस शीतल किरण सहारे
सौन्दर्य सुधा बलिहारी
चुगता चकोर अंगारे।

बलने का सम्बल लेकर
दीपक पतंग से मिलता
जलने की दीन दशा में
वह फूल सदृश हो खिलता!

इस गगन यूथिका वन में
तारे जूही से खिलते
सित शतदल से शशि तुम क्यों
उनमे जाकर हो मिलते?

मत कहो कि यही सफलता
कलियों के लघु जीवन की
मकरंद भरी खिल जायें
तोड़ी जाये बेमन की।

यदि दो घड़ियों का जीवन
कोमल वृन्तों में बीते
कुछ हानि तुम्हारी है क्या
चुपचाप चू पड़े जीते!

सब सुमन मनोरथ अंजलि
बिखरा दी इन चरणों में
कुचलो न कीट-सा, इनके
कुछ हैं मकरन्द कणों में।

निर्मोह काल के काले-
पट पर कुछ अस्फुट रेखा
सब लिखी पड़ी रह जाती
सुख-दुख मय जीवन रेखा।

दुख-सुख में उठता गिरता

संसार   तिरोहित   होगा
मुड़कर   न   कभी   देखेगा
किसका हित अनहित होगा।

मानस जीवन वेदी पर
परिणय हो विरह मिलन का
दुख-सुख   दोनों   नाचेंगे
हैं खेल आँख का मन का।

इतना सुख ले पल भर में
जीवन   के   अन्तस्तल   से
तुम खिसक गये धीरे-से
रोते अब प्राण विकल से।

क्यों छलक रहा दुख मेरा
ऊषा की मृदु पलकों में
हाँ, उलझ रहा सुख मेरा
सन्ध्या की घन अलकों में।

लिपटे सोते थे मन में
सुख-दुख   दोनों   ही   ऐसे
चन्द्रिका   अँधेरी   मिलती
मालती   कुंज   में   जैसे।

अवकाश असीम सुखों से
आकाश   तरंग   बनाता
हँसता-सा   छायापथ   में
नक्षत्र   समाज   दिखाता।

नीचे   विपुला   धरणी   हैं
दुख भार वहन-सी करती
अपने   खारे   आँसू   से
करुणा सागर को भरती।

धरणी दुख माँग रही हैं
आकाश छीनता सुख को
अपने   को   देकर   उनको
हूँ देख रहा उस मुख को।

इतना सुख जो न समाता
अन्तरिक्ष में, जल थल में
उनकी   मुट्ठी   में   बन्दी
था आश्वासन के छल में।

दुख क्या था उनको, मेरा
जो सुख लेकर यों भागे
सोते में चुम्बन लेकर
जब रोम तनिक-सा जागे।

सुख मान लिया करता था
जिसका दुख था जीवन में
जीवन में मृत्यु बसी हैं
जैसे बिजली हो घन में।

उनका सुख नाच उठा है
यह दुख द्रुम दल हिलने से
ऋंगार चमकता उनका
मेरी करुणा मिलने से।

हो उदासीन दोनों से
दुख-सुख से मेल कराये
ममता की हानि उठाकर
दो रूठे हुए मनाये।

चढ़ जाय अनन्त गगन पर
वेदना जलद की माला
रवि तीव्र ताप न जलाये
हिमकर को हो न उजाला।

नचती है नियति नटी-सी
कन्दक-क्रीड़ा-सी करती
इस व्यथित विश्व आँगन में
अपना अतृप्त मन भरती।

सन्ध्या की मिलन प्रतीक्षा
कह चलती कुछ मनमानी
ऊषा की रक्त निराशा
कर देती अन्त कहानी।

"विभ्रम मदिरा से उठकर
आओ तम मय अन्तर में
पाओगे कुछ न,टटोलो
अपने बिन सूने घर में।

इस शिथिल आह से खिंचकर
तुम   आओगे-आओगे

इस बढ़ी व्यथा को मेरी
रोओगे   अपनाओगे।"

वेदना विकल फिर आई
मेरी   चौदहो   भुवन   में
सुख कहीं न दिया दिखाई
विश्राम   कहाँ   जीवन   में!

उच्छ्वास   और   आँसू   में
विश्राम   थका   सोता   है
रोई   आँखों   में   निद्रा
बनकर   सपना   होता   है।

निशि, सो जावें जब उर में
ये   हृदय   व्यथा   आभारी
उनका   उन्माद   सुनहला
सहला   देना   सुखकारी।

तुम स्पर्श हीन अनुभव-सी
नन्दन तमाल के तल से
जग छा दो श्याम-लता-सी
तन्द्रा पल्लव विह्वल से।

यह   पारावार   तरल   हो
फेनिल हो गरल उगलता
मथ डाला किस तृष्णा से
तल   में   बड़वानल   जलता।

निश्वास मलय में मिलकर
छाया   पथ   छू   आयेगा
अन्तिम किरणें बिखराकर
हिमकर भी छिप जायेगा।

चमकूँगा   धूल   कणों   में
सौरभ हो उड़ जाऊँगा
पाऊँगा कहीं तुम्हें तो
ग्रहपथ   में   टकराऊँगा।

इस यान्त्रिक जीवन में क्या
ऐसी   थी   कोई   क्षमता
जगती थी ज्योति भरी-सी।
तेरी   सजीवता   ममता।

हैं चन्द्र हृदय में बैठा
उस शीतल किरण सहारे
सौन्दर्य सुधा बलिहारी
चुगता चकोर अंगारे।

बलने का सम्बल लेकर
दीपक पतंग से मिलता
जलने की दीन दशा में
वह फूल सदृश हो खिलता!

इस गगन यूथिका वन में
तारे जूही से खिलते
सित शतदल से शशि तुम क्यों
उनमे जाकर हो मिलते?

मत कहो कि यही सफलता
कलियों के लघु जीवन की
मकरंद भरी खिल जायें
तोड़ी जाये बेमन की।

यदि दो घड़ियों का जीवन
कोमल वृन्तों में बीते
कुछ हानि तुम्हारी है क्या
चुपचाप चू पड़े जीते!

सब सुमन मनोरथ अंजलि
बिखरा दी इन चरणों में
कुचलो न कीट-सा, इनके
कुछ हैं मकरन्द कणों में।

निर्मोह काल के काले-
पट पर कुछ अस्फुट रेखा
सब लिखी पड़ी रह जाती
सुख-दुख मय जीवन रेखा।

दुख-सुख में उठता गिरता
संसार तिरोहित होगा
मुड़कर न कभी देखेगा
किसका हित अनहित होगा।

मानस जीवन वेदी पर
परिणय हो विरह मिलन का
दुख-सुख दोनों नाचेंगे

हैं खेल आँख का मन का।

इतना सुख ले पल भर में
जीवन के अन्तस्तल से
तुम खिसक गये धीरे-से
रोते अब प्राण विकल से।

क्यों छलक रहा दुख मेरा
ऊषा की मृदु पलकों में
हाँ, उलझ रहा सुख मेरा
सन्ध्या की घन अलकों में।

लिपटे सोते थे मन में
सुख-दुख दोनों ही ऐसे
चन्द्रिका अँधेरी मिलती
मालती कुंज में जैसे।

अवकाश असीम सुखों से
आकाश तरंग बनाता
हँसता-सा छायापथ में
नक्षत्र समाज दिखाता।

नीचे विपुला धरणी हैं
दुख भार वहन-सी करती
अपने खारे आँसू से
करुणा सागर को भरती।

धरणी दुख माँग रही हैं
आकाश छीनता सुख को
अपने को देकर उनको
हूँ देख रहा उस मुख को।

इतना सुख जो न समाता
अन्तरिक्ष में, जल थल में
उनकी मुट्ठी में बन्दी
था आश्वासन के छल में।

दुख क्या था उनको, मेरा
जो सुख लेकर यों भागे
सोते में चुम्बन लेकर
जब रोम तनिक-सा जागे।

सुख मान लिया करता था

जिसका दुख था जीवन में
जीवन में मृत्यु बसी हैं
जैसे बिजली हो घन में।

उनका सुख नाच उठा है
यह दुख द्रुम दल हिलने से
ऋंगार चमकता उनका
मेरी करुणा मिलने से।

हो उदासीन दोनों से
दुख-सुख से मेल कराये
ममता की हानि उठाकर
दो रूठे हुए मनाये।

चढ़ जाय अनन्त गगन पर
वेदना जलद की माला
रवि तीव्र ताप न जलाये
हिमकर को हो न उजाला।

नचती है नियति नटी-सी
कन्दक-क्रीड़ा-सी करती
इस व्यथित विश्व आँगन में
अपना अतृप्त मन भरती।

सन्ध्या की मिलन प्रतीक्षा
कह चलती कुछ मनमानी
ऊषा की रक्त निराशा
कर देती अन्त कहानी।

"विभ्रम मदिरा से उठकर
आओ तम मय अन्तर में
पाओगे कुछ न,टटोलो
अपने बिन सूने घर में।

इस शिथिल आह से खिंचकर
तुम आओगे-आओगे
इस बढ़ी व्यथा को मेरी
रोओगे अपनाओगे।"

वेदना विकल फिर आई
मेरी चौदहो भुवन में
सुख कहीं न दिया दिखाई
विश्राम कहाँ जीवन में!

उच्छ्वास और आँसू में
विश्राम थका सोता है
रोई आँखों में निद्रा
बनकर सपना होता है।

निशि, सो जावें जब उर में
ये हृदय व्यथा आभारी
उनका उन्माद सुनहला
सहला देना सुखकारी।

तुम स्पर्श हीन अनुभव-सी
नन्दन तमाल के तल से
जग छा दो श्याम-लता-सी
तन्द्रा पल्लव विह्वल से।

सपनों की सोनजुही सब
बिखरें, ये बनकर तारा
सित सरसित से भर जावे
वह स्वर्ग गंगा की धारा

नीलिमा शयन पर बैठी
अपने नभ के आँगन में
विस्मृति की नील नलिन रस
बरसो अपांग के घन से।

चिर दग्ध दुखी यह वसुधा
आलोक माँगती तब भी
तम तुहिन बरस दो कन-कन
यह पगली सोये अब भी।

विस्मृति समाधि पर होगी
वर्षा कल्याण जलद की
सुख सोये थका हुआ-सा
चिन्ता छुट जाय विपद की।

चेतना लहर न उठेगी
जीवन समुद्र थिर होगा
सन्ध्या हो सर्ग प्रलय की
विच्छेद मिलन फिर होगा।

रजनी की रोई आँखें
आलोक बिन्द टपकाती

तम की काली छलनाएँ
उनको चुप-चुप पी जाती।

सुख अपमानित करता-सा
जब व्यंग हँसी हँसता है
चुपके से तब मत रो तू
यब कैसी परवशता है।

अपने आँसू की अंजलि
आँखो से भर क्यों पीता
नक्षत्र पतन के क्षण में
उज्ज्वल होकर है जीता।

वह हँसी और यह आँसू
घुलने दे-मिल जाने दे
बरसात नई होने दे
कलियों को खिल जाने दे।

चुन-चुन ले रे कन-कन से
जगती की सजग व्यथाएँ
रह जायेंगी कहने को
जन-रंजन-करी   कथाएँ।

जब नील दिशा अंचल में
हिमकर थक सो जाते हैं
अस्ताचल की घाटी में
दिनकर भी खो जाते हैं।

नक्षत्र   डूब   जाते   हैं
स्वर्गंगा   की   धारा   में
बिजली बन्दी होती जब
कादम्बिनी की कारा में।

मणिदीप विश्व-मन्दिर की
पहने किरणों की माला
तुम   अकेली   तब   भी
जलती हो मेरी ज्वाला।

उत्ताल जलधि वेला में
अपने सिर शैल उठाये
निस्तब्ध गगन के नीचे
छाती में जलन छिपाये

संकेत नियति का पाकर
तम से जीवन उलझाये
जब सोती गहन गुफा में
चंचल लट को छिटकाये।

वह ज्वालामुखी जगत की
वह विश्व वेदना बाला
तब भी तुम सतत अकेली
जलती हो मेरी ज्वाला!

इस व्यथित विश्व पतझड़ की
तुम जलती हो मृदु होली
हे अरुणे! सदा सुहागिनि
मानवता सिर की रोली।

जीवन सागर में पावन
बड़वानल की ज्वाला-सी
यह सारा कलुष जलाकर
तुम जलो अनल बाला-सी।

जगद्वन्द्वों के परिणय की
हे सुरभिमयी जयमाला
किरणों के केसर रज से
भव भर दो मेरी ज्वाला।

तेरे प्रकाश में चेतन-
संसार वेदना वाला,
मेरे समीप होता है
पाकर कुछ करुण उजाला।

उसमें धुँधली छायाएँ
परिचय अपना देती हैं
रोदन का मूल्य चुकाकर
सब कुछ अपना लेती हैं।

निर्मम जगती को तेरा
मंगलमय मिले उजाला
इस जलते हुए हृदय को
कल्याणी शीतल ज्वाला।

जिसके आगे पुलकित हो
जीवन है सिसकी भरता
हाँ मृत्यु नृत्य करती है

मुस्क्याती खड़ी अमरता।

वह मेरे प्रेम विहँसते
जागो मेरे मधुवन में
फिर मधुर भावनाओं का
कलरव हो इस जीवन में।

मेरी आहों में जागो
सुस्मित में सोनेवाले
अधरों से हँसते-हँसते
आँखों से रोनेवाले।

इस स्वप्नमयी संसृति के
सच्चे जीवन तुम जागो
मंगल किरणों से रंजित
मेरे सुन्दरतम जागो।

अभिलाषा के मानस में
सरसिज-सी आँखे खोलो
मधुपों से मधु गुंजारो
कलरव से फिर कुछ बोलो।

आशा का फैल रहा है
यह सूना नीला अंचल
फिर स्वर्ण-सृष्टि-सी नाचे
उसमें करुणा हो चंचल

मधु संसृति की पुलकावलि
जागो, अपने यौवन में
फिर से मरन्द हो
कोमल कुसुमों के वन में।

फिर विश्व माँगता होवे
ले नभ की खाली प्याली
तुमसे कुछ मधु की बूँदे
लौटा लेने को लाली।

फिर तम प्रकाश झगड़े में
नवज्योति विजयिनि होती
हँसता यह विश्व हमारा
बरसाता मंजुल मोती।

प्राची के अरुण मुकुर में

सुन्दर प्रतिबिम्ब तुम्हारा
उस अलस ऊषा में देखूँ
अपनी आँखों का तारा।

कुछ रेखाएँ हो ऐसी
जिनमें आकृति हो उलझी
तब एक झलक! वह कितनी
मधुमय रचना हो सुलझी।

जिसमें इतराई फिरती
नारी निसर्ग सुन्दरता
छलकी पड़ती हो जिसमें
शिशु की उर्मिल निर्मलता

आँखों का निधि वह मुख हो
अवगुंठन नील गगन-सा
यह शिथिल हृदय ही मेरा
खुल जावे स्वयं मगन-सा।

मेरी मानसपूजा का
पावन प्रतीक अविचल हो
झरता अनन्त यौवन मधु
अम्लान स्वर्ण शतदल हो।

कल्पना अखिल जीवन की
किरनों से दृग तारा की
अभिषेक करे प्रतिनिधि बन
आलोकमयी धारा की।

वेदना मधुर हो जावे
मेरी निर्दय तन्मयता
मिल जाये आज हृदय को
पाऊँ मैं भी सहृदयता।

मेरी अनामिका संगिनि!
सुन्दर कठोर कोमलते!
हम दोनों रहें सखा ही
जीवन-पथ चलते-चलते।

ताराओं की वे रातें
कितने दिन-कितनी घड़ियाँ
विस्मृति में बीत गईं वें
निर्मोह काल की कड़ियाँ

उद्वेलित तरल तरंगें
मन की न लौट जावेंगी
हाँ, उस अनन्त कोने को
वे सच नहला आवेंगी।

जल भर लाते हैं जिसको
छूकर नयनों के कोने
उस शीतलता के प्यासे
दीनता दया के दोने।

फेनिल उच्छ्वास हृदय के
उठते फिर मधुमाया में
सोते सुकुमार सदा जो
पलकों की सुख छाया में।

आँसू वर्षा से सिंचकर
दोनों ही कूल हरा हो
उस शरद प्रसन्न नदी में
जीवन द्रव अमल भरा हो।

जैसे जीवन का जलनिधि
बन अंधकार उर्मिल हो
आकाश दीप-सा तब वह
तेरा प्रकाश झिलमिल हो।

हैं पड़ी हुई मुँह ढककर
मन की जितनी पीड़ाएँ
वे हँसने लगीं सुमन-सी
करती कोमल क्रीड़ाएँ।

तेरा आलिंगन कोमल
मृदु अमरबेलि-सा फैले
धमनी के इस बन्धन में
जीवन ही हो न अकेले।

हे जन्म-जन्म के जीवन
साथी संसृति के दुख में
पावन प्रभात हो जावे
जागो आलस के सुख में।

जगती का कलुष अपावन
तेरी विदग्धता पावे

फिर निखर उठे निर्मलता
यह पाप पुण्य हो जावे।

सपनों की सुख छाया में
जब तन्द्रालस संसृति है
तुम कौन सजग हो आई
मेरे मन में विस्मृति है!

तुम! अरे, वही हाँ तुम हो
मेरी चिर जीवनसंगिनि
दुख वाले दग्ध हृदय की
वेदने! अश्रुमयि रंगिनि!

जब तुम्हें भूल जाता हूँ
कुड्मल किसलय के छल में
तब कूक हूक-सू बन तुम
आ जाती रंगस्थल में।

बतला दो अरे न हिचको
क्या देखा शून्य गगन में
कितना पथ हो चल आई
रजनी के मृदु निर्जन में!

सुख तृप्त हृदय कोने को
ढँकती तमश्यामल छाया
मधु स्वप्निल ताराओं की
जब चलती अभिनय माया।

देखा तुमने तब रुककर
मानस कुमुदों का रोना
शशि किरणों का हँस-हँसकर
मोती मकरन्द पिरोना।

देखा बौने जलनिधि का
शशि छूने को ललचाना
वह हाहाकार मचाना
फिर उठ-उठकर गिर जाना।

मुँह सिये, झेलती अपनी
अभिशाप ताप ज्वालाएँ
देखी अतीत के युग की
चिर मौन शैल मालाएँ।

जिनपर न वनस्पति कोई
श्यामल उगने पाती है
जो जनपद परस तिरस्कृत
अभिशप्त कही जाती है।

कलियों को उन्मुख देखा
सुनते वह कपट कहानी
फिर देखा उड़ जाते भी
मधुकर को कर मनमानी।

फिर उन निराश नयनों की
जिनके आँसू सूखे हैं
उस प्रलय दशा को देखा
जो चिर वंचित भूखे हैं।

सूखी सरिता की शय्या
वसुधा की करुण कहानी
कूलों में लीन न देखी
क्या तुमने मेरी रानी?

सूनी कुटिया कोने में
रजनी भर जलते जाना
लघु स्नेह भरे दीपक का
देखा है फिर बुझ जाना।

सबका निचोड़ लेकर तुम
सुख से सूखे जीवन में
बरसों प्रभात हिमकन-सा
आँसू इस विश्व-सदन में।

ध्रुवस्वामिनी

सूचना

विशाखदत्त-द्वारा रचित 'देवीचन्द्रगुप्त' नाटक के कुछ अंश 'श्रृंगार-प्रकाश' और 'नाट्य-दर्पण' से सन् 1923 की ऐतिहासिक पत्रिकाओं में उद्धृत हुए। तब चन्द्रगुप्त द्वितीय विक्रमादित्य के जीवन के सम्बन्ध में जो नयी बातें प्रकाश में आयीं, उनसे इतिहास के विद्वानों में अच्छी हलचल मच गयी। शास्त्रीय मनोवृत्ति वालों को, चन्द्रगुप्त के साथ ध्रुवस्वामिनी का पुनर्लग्न असम्भव, विलक्षण और कुरुचिपूर्ण मालूम हुआ। यहाँ तक कि आठवीं शताब्दी के संजात ताम्रपत्र -

हत्वा भ्रातरंमेव राज्यमहरद्देवीं स दीनस्तथा।
लक्षं कोटिमलेखयन् किल किलौ दाता सगुप्तान्वयः॥

के पाठ में संदेह किया जाने लगा :

किन्तु जिस ऐतिहासिक घटना का वर्णन करते हुए सातवीं शताब्दी में बाणभट्ट ने लिखा है -

अरिपुरे च परकलत्रकामुकं कामिनीवेश- श्चन्द्रगुप्तां शतपतिमशातयत्।

और ग्यारहवीं शताब्दी में राजशेखर ने भी लिखा है-

दत्वारुद्धगतिं खसाधिपतये देवीं ध्रुवस्वामिनीम्।
यस्मात् खंडित-साहसो निवतृते श्रीरामगुप्तोनपः॥

वह घटना केवल जनश्रुति कहकर नहीं उड़ायी जा सकती।

विशाखदत्त को तो श्री जायसवाल ने चन्द्रगुप्त की सभा का राजकवि और उसके 'देवी चन्द्रगुप्त' को जीवन चित्रण नाटक भी माना है। यह प्रश्न अवश्य ही कुछ कुतूहल से भरा हुआ है कि विशाखदत्त ने अपने दोनों नाटकों का नायक चन्द्रगुप्त-नामधारी व्यक्ति को ही क्यों बनाया। परन्तु श्रीतैलंग ने तो विशाखदत्त को सातवीं शताब्दी के अवन्तिवर्मा का आश्रित कवि माना है। क्योंकि 'मुद्राराक्षस' की किसी प्राचीन प्रति में उन्हें मुद्राराक्षस के भरत वाक्य 'पार्थिवश्चन्द्रगुप्त' के स्थान पर 'प्रार्थिवोऽवन्तिवर्मा' भी मिला। विशाखदत्त के आलोचक लोग उसे एक प्रामाणिक ऐतिहासिक नाटककार मानते हैं। उसके लिखे हुए नाटक में इतिहास का अंश कुछ न हो, ऐसा तो नहीं माना जा सकता। राखालसाद बनर्जी, प्रोफेसर अल्वेकर और जायसवाल इत्यादि ने अन्य प्रामाणिक आधार मिलने के कारण ध्रुवस्वामिनी और चन्द्रगुप्त के पुनर्लग्न को ऐतिहासिक तथ्य मान लिया है। यह कहना कि रामगुप्त नाम का कोई राजा गुप्तों की वंशावली में नहीं मिलता और न ही किसी अभिलेख में उसका वर्णन आया है, कोई अर्थ नहीं रखता। समुद्रगुप्त के शासन का उल्लंघन करके, कुछ दिनों तक साम्राज्य में उत्पात मचाकर जो राजनीति के क्षेत्र में अन्तर्धान हो गया हो, उसका अभिलेख वंशावली में न मिले तो कोई आश्चर्य नहीं। हाँ, भण्डारकरजी तो कहते हैं कि उसके लघु-काल-व्यापी शासन का सूचक सिक्का भी चला था। 'काँच' के नाम से प्रसिद्ध जो गुप्त सिक्के मिलते हैं वे रामगुप्त के ही हैं। राम के स्थान पर भ्रम से काच पढ़ा जा रहा था। इसलिए बाणभट्ट की वर्णित घटना अर्थात् स्त्रीवेश धारण करके चन्द्रगुप्त का पर-कलह-कामुक शकराज को मारना और ध्रुवस्वामिनी का पुनर्विवाह इत्यादि के ऐतिहासिक सत्य होने में सन्देह नहीं रह गया है। और मुझे तो इसका स्वयं चन्द्रगुप्त की ओर से एक प्रमाण मिलता है। चन्द्रगुप्त के कुछ सिक्कों पर 'रूपकृति' शब्द का उल्लेख है। रूप

और आकृति को जॉन एलन् ने खींच-तानकर जो शारीरिक और आध्यात्मिक अर्थ किया है, वह व्यर्थ है। रूपकृति विरुद का उल्लेख करके चन्द्रगुप्त अपने उस साहसिक कार्य की स्वीकृति देता है जो ध्रुवस्वामिनी की रक्षा के लिए उसने रूप बदलकर किया है, और जिसका पिछले काल के लेखकों ने भी समय-समय पर समर्थन किया है।

विशाखदत्त के 'देवीचन्द्रगुप्त' नाटक का जितना अंश प्रकाश में आया है, उसे देखकर अबुलहसन अली की बर्कमारिस वाली कथा का मिलान करके कई ऐतिहासिक विद्वानों ने शास्त्रीय दृष्टिकोण रखने वाले आलोचकों को उत्तर देते हुए ध्रुवदेवी के पुनर्लग्न को ऐतिहासिक तथ्य तो मान लिया है, किन्तु भण्डारकरजी ने पराशर और नारद की स्मृतियों से काल की सामाजिक व्यवस्था में पुनर्लग्न होने का प्रमाण भी दिया है। शास्त्रों में अनुकूल और प्रतिकूल दोनों तरह की बातें मिल सकती हैं, परन्तु जिस प्रथा के लिए विधि और निषेध दोनों तरह की सूचनाएं मिलें, तो इतिहास की दृष्टि से वह उस काल में सम्भाव्य मानी जाएंगी। हाँ, समय-समय पर उनमें विरोध और सुधार हुए होंगे और होते रहेंगे। मुझे तो केवल यही देखना है कि इस घटना की सम्भावना इतिहास की दृष्टि से उचित है कि नहीं।

भारतीय दृष्टिकोण को सुरक्षित रखने वाले विशाखदत्त जैसे पण्डित ने जब अपने नाटकों में लिखा है –

रम्यांचारतिकारिणीच करुणाशोकेन नीता दशाम
तत्कालोपगतेन राहुशिरसा गुप्तेव चांद्रीकला।

पत्युः क्लीवजनोचितेन चरितेनानेव पुंसः सतो
लज्जाकोपविषाद भीत्यरतिभिः क्षेत्रीकृता ताम्यते॥

तो उस नाटक के सम्पूर्ण सामने न रहने पर भी, जिससे कि उसके परिणाम का निश्चित पता लगे, उस काल की सामाजिक व्यवस्था को तो अंशतः स्पष्टीकरण हो ही जाता है।

नारद और पराशर के वचन -

अपत्यार्थम् स्त्रियः सृष्टाः स्त्री क्षेत्रं वीजिनो नराः
क्षेत्रं बीजवते देयं नाबीजी क्षत्रमर्हति। (नारद)

नष्टे मृते प्रवृजिते क्लीवे च पतौ।
पंचास्वापत्सु नारीणां पतिरन्यो विधीयते॥ (पराशर)

के प्रकाश में जब 'देवीचन्द्रगुप्त' नाटक के ऊपर वाले श्लोक का अर्थ किया जाए तो वह घटना अधिक स्पष्ट हो जाती है। रम्या है किन्तु अरतिकारिणी है, में जो श्लेष है, उसमें शास्त्र-व्यवस्था जनित ध्वनि है। और पति के क्लीवजनोचित चरित का उल्लेख, साथ-ही-साथ क्षेत्री-कृता-जैसा परिभाषित शब्द, नाटककार ने कुछ सोचकर ही लिखा होगा।

भण्डारकार और जायसवाल जी, दोनों ही ने अपने लेखों में विधवा के साथ पुनर्लग्न होने की व्यवस्था मानकर ध्रुवदेवी का पुनर्लग्न स्वीकार किया है। किन्तु स्मृति की ही उक्त व्यवथा में अन्य पति ग्रहण करने के लिए पाँच आपत्तियों का उल्लेख किया है, उनमें केवल मृत्यु होने पर ही तो विधवा का पुनर्लग्न होगा। अन्य चार आपत्तियाँ तो पति के जीवनकाल में ही उपस्थिति होती हैं।

उधर जायसवाल चन्द्रगुप्त द्वारा रामगुप्त का वध भी नहीं मानना चाहते, तब 'देवीचन्द्रगुप्त' नाटक की कथा का उपसंहार कैसे हुआ होगा? वैवाहिक विषयों का उल्लेख स्मृतियों को छोड़कर क्या और कहीं नहीं है? क्योंकि स्मृतियों के सम्बन्ध में तो यह भी कहा जा सकता है कि वे इस युग के लिए नहीं, दूसरे युग के लिए हैं, परन्तु इसी कलियुग के विधान-ग्रंथ आचार्य कौटिल्य के 'अर्थशास्त्र' में मुझे इन स्मृतियों की पुष्टि मिली।

किस अवस्था में एक पति दूसरी स्त्री ग्रहण करता है, इसका अनुसंधान करते हुए, धर्मस्थीय प्रकरण के विवाह-संयुक्त में आचार्य कौटिल्य लिखते हैं -

वर्षाण्यष्ट वप्रजायमानामपृत्राम् वंध्यां चाकांक्षेत् दशविन्द,
द्वादश कन्या प्रसविनीम, ततः पुत्रार्थी द्वितीयां विंदेत्।

8 वर्ष तक वन्ध्या, 10 वर्ष तक विन्द अर्थात् नश्यत्प्रसूति, 12 वर्ष तक कन्या प्रसविनी की प्रतीक्षा करके पुत्रार्थी दूसरी स्त्री ग्रहण कर सकता है। पुरुषों का अधिकार बताकर स्त्रियों के अधिकार की घोषणा भी उसी अध्याय के अन्त में है -

नीचत्वम् परदेशम् वा प्रस्थितो राजकिल्विषी।
प्राणभिहंता पतितस्त्याज्यः क्लीवोपवापतिः॥

इसका मेल पराशर या नारद के वाक्यों में मिलता है। इन्हीं अवस्थाओं में पति को छोड़ने का अधिकार स्त्रियों को था। क्योंकि 'अर्थशास्त्र' में आगे भी मोक्ष (divorce) का प्रसंग आता है, उसमें न्यायालय सम्भवतः 'अमोक्षा-भर्तुरकाम्य द्विषती भार्या भार्यायाश्च भर्ता, परस्परं द्वेषानमोक्षः' के आधार पर आदेश देता था। किन्तु साधारण द्वेष से भी जहाँ अन्य चार विवाहों में मोक्ष हो सकते थे, वहाँ धर्म-विवाह में केवल इन्हीं अवस्थाओं में पति त्याज्य समझा जाता था नहीं तो 'अमोक्षोहि धर्म विवाहानाम्' के अनुसार धर्म-विवाहों में मोक्ष नहीं होता था। दमयन्ती के पुनर्लग्न की घोषणा भी पति के नष्ट या परदेश प्रस्थित होने पर ही की गयी थी।

जायसवालजी अबुलहसन अली की यह बात नहीं मानते कि चन्द्रगुप्त ने रामगुप्त की हत्या की होगी। उनका कहना है कि चन्द्रगुप्त तो भरत की तरह बड़े भाई के लिए गद्दी छोड़ चुका था। उनका अनुमान है कि 'Very likely, it came about in the form of popular uprising.' अब नाटकार के 'अरतिकारिणी' और 'क्लीव' आदि शब्द घटना की परिणति की क्या सूचना देते हैं, यह विचारणीय है। बहुत सम्भव है कि अबुलहसन की कथा का आधार 'देवीचन्द्रगुप्त' नाटक ही हो। क्योंकि अबुलहसन के लिखने के पहले उक्त नाटक का होना माना जा सकता है।

यह ठीक है कि हमारे आचार और धर्मशास्त्र की व्यावहारिकता की परम्परा विच्छिन्न-सी है -आगे जितना सुधार या समाज-शास्त्र के परीक्षात्मक प्रयोग देखे या सुने जाते हैं, उन्हें अचिन्तित और नवीन समझकर हम बहुत शीघ्र अभारतीय कह देते हैं, किन्तु मेरा ऐसा विश्वास है कि प्राचीन आर्यावर्त्त ने समाज की दीर्घ काल-व्यापिनी परम्परा में प्रायः प्रत्येक विधा का परीक्षात्मक प्रयोग किया है। तात्कालिक कल्याणकारी परिवर्तन भी हुए हैं। इसीलिए डेढ़ हजार वर्ष पहले यह होना अस्वाभाविक नहीं था। क्या होना चाहिए और कैसा होगा, यह तो व्यव- स्थापक विचार करें; किन्तु इतिहास के आधार पर जो कुछ हो चुका या जिस घटना के घटित होने की सम्भावना है, उसी को लेकर इस नाटक की कथावस्तु का विकास किया गया है।

भण्डारकरजी का मत है कि यह युद्ध गोमती की घाटी में अल्मोड़ा जिले के कार्तिकेयपुर के समीप हुआ। जायसवालजी का मत है कि यह युद्ध 374 ई. से लेकर 380 ई. के बीच में कांगड़ा जिले के अबिबाल स्थान में हुआ था, जहाँ कि प्रथम सिक्ख युद्ध भी हुआ था।

प्रयाग की प्रशस्ति में समुद्रगुप्त की साम्राज्य-नीति में विजित राजाओं के आत्म-निवेदन 'कन्योपायन दान' ग्रहण करने का उल्लेख है। मैंने ध्रुवस्वामिनी के गुप्तकाल में आने का वही कारण माना है।

विशाखदत्त ने ध्रुवदेवी नाम लिखा है, किन्तु मुझे ध्रुवस्वामिनी नाम, जो राजशेखर के 'मुक्तक' में आया है, स्त्रीजनोचित सुन्दर, आदर-सूचक और सार्थक प्रतीत हुआ। इसीलिए मैंने उसी का व्यवहार किया है।

- जयशंकर 'प्रसाद'
चैत्र शुक्ल

प्रथम अंक

(शिविर का पिछला भाग जिसके पीछे पर्वतमाला की प्राचीर है, शिविर का एक कोना दिखलाई दे रहा है जिससे सटा हुआ चन्द्रातप टँगा है। मोटी-मोटी रेशमी डोरियों से सुनहले काम के परदे खम्भों से बँधे हैं। दो-तीन सुन्दर मंच रखे हुए हैं। चन्द्रातप और पहाड़ी के बीच छोटा-सा कुंज, पहाड़ी पर से एक पतली जलधारा उस हरियाली में बहती है। झरने के पास शिलाओं से चिपकी हुई लता की डालियाँ पवन में हिल रही हैं। दो चार छोटे-बड़े वृक्ष, जिन पर फूलों से लदी हुई सेवती की लता छोटा-सा झुरमुट बना रही है।

शिविर के कोने से ध्रुवस्वामिनी का प्रवेश। पीछे-पीछे एक लम्बी और कुरूप स्त्री चुपचाप नंगी तलवार लिए आती है)

ध्रुवस्वामिनी : (सामने पर्वत की ओर देखकर) सीधा तना हुआ, अपने प्रभुत्व की साकार कठोरता, अभ्रभेदी उन्मुक्त शिखर! और इन क्षुद्र कोमल निरीह लताओं और पौधों को इसके चरण में लोटना ही चाहिए न। **(साथ वाली खड्गधारिणी की ओर देखकर)** क्यों, मन्दाकिनी नहीं आई **(वह उत्तर नहीं देती है)** बोलती क्यों नहीं यह तो मैं जानती हूँ कि इस राजकुल के अन्तःपुर में मेरे लिए न जाने कब से नीरव अपमान संचित रहा, जो मुझे आते ही मिला; किन्तु क्या तुम-जैसी दासियों से भी वही मिलेगा इसी शैलमाला की तरह मौन रहने का अभिनय तुम न करो, बोलो! **(वह दाँत निकालकर विनय प्रकट करती हुई कुछ और आगे बढ़ने का संकेत करती है)** अरे, यह क्या, मेरे भाग्य विधाता! यह कैसा इन्द्रजाल? उस दिन राजमहापुरोहित ने कुछ आहुतियों के बाद मुझे आशीर्वाद दिया था, क्या वह अभिशाप था? इस राजकीय अन्तःपुर में सब जैसे एक रहस्य छिपाये हुए चलते हैं, बोलते हैं और मौन हो जाते हैं। **(खड्गधारिणी विवशता और भय का अभिनय करती हुई आगे बढ़ने का संकेत करती है)** तो क्या तुम मूक हो? तुम कुछ बोल न सको, मेरी बातों का उत्तर भी न दो, इसीलिए तुम मेरी सेवा में नियुक्त की गई हो? यह असह्य है। इस राजकुल में एक भी सम्पूर्ण मनुष्यता का निदर्शन नहीं मिलेगा क्या जिधर देखो कुबड़े, बौने, हिजड़े, गूँगे और बहरे...। **(चिढ़ती हुई ध्रुवस्वामिनी आगे बढ़कर झरने के किनारे बैठ जाती है, खड्गधारिणी भी इधर-उधर देखकर ध्रुवस्वामिनी के पैरों के समीप बैठती है।)**

खड्गधारिणी : (सशंक चारों ओर देखती हुई) देवि, प्रत्येक स्थान और समय बोलने के योग्य नहीं होते। कभी-कभी मौन रह जाना बुरी बात नहीं है। मुझे अपनी दासी समझिए। अवरोध के भीतर मैं गूँगी हूँ। यहाँ संदिग्ध न रहने के लिए मुझे ऐसा ही करना पड़ता है।

ध्रुवस्वामिनी : अरे, तो क्या तुम बोलती भी हो पर यह तो कहो, यह कपट आचरण किसलिए?

खड्गधारिणी : एक पीड़ित की प्रार्थना सुनाने के लिए। कुमार चन्द्रगुप्त को आप भूल न गई होंगी !

ध्रुवस्वामिनी : (उत्कण्ठा से) वही न, जो मुझे वंदिनी बनाने के लिए गए थे।

खड्गधारिणी : (दाँतों से जीभ दबाकर) यह आप क्या कह रही हैं? उनको तो स्वयं अपने भीषण भविष्य का पता नहीं। प्रत्येक क्षण उनके प्राणों पर सन्देह करता है। उन्होंने पूछा है कि मेरा क्या अपराध है?

ध्रुवस्वामिनी : (उदासी की मुस्कराहट के साथ) अपराध मैं क्या बताऊँ? तो क्या कुमार भी वन्दी हैं?

खड्गधारिणी : कुछ-कुछ वैसा ही है देवि, राजाधिराज से कहकर क्या आप उनका कुछ उपकार कर सकेंगी?

ध्रुवस्वामिनी : भला मैं क्या कर सकूँगी? मैं तो अपने ही प्राणों का मूल्य नहीं समझ पाती। मुझ पर राजा का कितना अनुग्रह है, यह भी मैं आज तक न जान सकी। मैंने तो कभी उनका सम्भाषण सुना ही नहीं। विलासिनियों के साथ मदिरा में उन्मत्त, उन्हें अपने आनन्द से अवकाश कहाँ!

खड्गधारिणी : तब तो अदृष्ट ही कुमार के जीवन का सहायक होगा। उन्होंने पिता का दिया हुआ स्वत्व और राज्य का अधिकार तो छोड़ ही दिया; इसके साथ अपनी एक अमूल्य निधि भी ...।
(कहते-कहते सहसा रुक जाती है।)

ध्रुवस्वामिनी : अपनी अमूल्य निधि! वह क्या?

खड्गधारिणी : यह अत्यन्त गुप्त है देवि, किन्तु मैं प्राणों की भीख माँगते हुए कह सकूँगी।

ध्रुवस्वामिनी : (कुछ सोचकर) तो जाने दो, छिपी हुई बातों से मैं घबरा उठी हूँ। हाँ, मैंने उन्हें देखा था, वह निरभ्र प्राची का बाल अरुण! आह! राज-चक्र सबको पीसता है, पिसने दो, हम निःसहायों को और दुर्बलों को पिसने दो!

खड्गधारिणी : देवि, वह वल्लरी जो झरने के समीप पहाड़ी पर चढ़ गई है, उसकी नन्हीं-नन्हीं पत्तियों को ध्यान से देखने पर आप समझ जायेंगी कि वह किस जाति की है। प्राणों की क्षमता बढ़ा लेने पर वही काई जो बिछलन बंनकर गिरा सकती थी, अब दूसरों के ऊपर चढ़ने का अवलम्बन बन गई है।

ध्रुवस्वामिनी : (आकाश की ओर देखकर) वह बहुत दूर की बात है। आह, कितनी कठोरता है! मनुष्य के हृदय में देवता को हटाकर राक्षस कहाँ से घुस आता है? कुमार की स्निग्ध, सरल और सुन्दर मूर्ति को देखकर कोई भी प्रेम से पुलकित हो सकता है, किन्तु उन्हीं का भाई? आश्चर्य!

खड्गधारिणी : कुमार को इतने में ही सन्तोष होगा कि उन्हें कोई विश्वासपूर्वक स्मरण कर लेता है। रही अभ्युदय की बात, सो तो उनको अपने बाहुबल और भाग्य पर ही विश्वास है।

ध्रुवस्वामिनी : किन्तु उन्हें कोई ऐसा साहस का काम न करना चाहिए जिसमें उनकी परिस्थिति और भी भयानक हो जाए।

(खड्गधारिणी खड़ी होती है)

अच्छा, तो अब तू जा और अपने मौन संकेत से किसी दासी को यहाँ भेज दे मैं अभी यहाँ बैठना चाहती हूँ।

(खड्गधारिणी नमस्कार करके जाती है और एक दासी का प्रवेश)

दासी : (हाथ जोड़कर) देवी, सांयकाल हो चुका है। वनस्पतियाँ शिथिल होने लगी हैं। देखिए न, व्योम-विहारी पक्षियों का झुण्ड भी अपने नीड़ों में प्रसन्न कोलाहल से लौट रहा है। क्या भीतर चलने की अभी इच्छा नहीं है

ध्रुवस्वामिनी : चलूँगी क्यों नहीं? किन्तु मेरा नीड़ कहाँ? यह तो स्वर्णपिंजर है।

(करुण भाव से उठकर दासी के कंधे पर हाथ रखकर चलने को उद्यत होती है। नेपथ्य में कोलाहल - महादेवी कहाँ हैं? उन्हें कौन बुलाने गई है?)

ध्रुवस्वामिनी : हैं-हैं, यह उतावली कैसी?

प्रतिहारी : (प्रवेश करके ... घबराहट से) भट्टारक इधर आये हैं क्या?

ध्रुवस्वामिनी : (व्यंग्य से मुस्कराते हुए) मेरे अंचल में तो छिपे नहीं हैं। देखो, किसी कुंज में ढूँढ़ो।

प्रतिहारी : (संभ्रम से) अरे महादेवी! क्षमा कीजिए। युद्ध-सम्बन्धी एक आवश्यक संवाद देने के लिए महाराज को खोजती हुई मैं इधर आ गयी हूँ।

ध्रुवस्वामिनी : होंगे कहीं, यहाँ तो नहीं है।

(उदास भाव से दासी के साथ ध्रुवस्वामिनी का प्रस्थान। दूसरी ओर से खड्गधारिणी का पुनः प्रवेश... और कुंज में से अपना उत्तरीय सँभालता रामगुप्त निकलकर एक बार प्रतिहारी की ओर, फिर खड्गधारिणी की ओर देखता है)

प्रतिहारी : जय हो देव! एक चिन्ताजनक समाचार निवेदन करने के लिए अमात्य ने मुझे भेजा है।

रामगुप्त : (झुँझलाकर) चिन्ता करते-करते देखता हूँ कि मुझे मर जाना पड़ेगा। ठहरो, **(खड्गधारिणी से)** हाँ जी, तुमने अपना काम तो अच्छा किया, किन्तु मैं समझ न सका कि चन्द्रगुप्त को वह अब भी प्यार करती है या नहीं?

(खड्गधारिणी प्रतिहारी की ओर देखकर चुप रह जाती है)

रामगुप्त : (प्रतिहारी की ओर क्रोध से देखता हुआ) तुमसे मैंने कह दिया न कि अभी मुझे अवकाश नहीं, ठहर कर आना।

प्रतिहारी : राजाधिराज! शकों ने किसी पहाड़ी राह से उतरकर नीचे का गिरि-पथ रोक लिया है। हम लोगों के शिविर का सम्बन्ध राजपथ से छूट गया है। शकों ने दोनों ही ओर से घेर लिया है।

रामगुप्त : दोनों ओर से घिरा रहने में शिविर और भी सुरक्षित है। मूर्ख! चुप रह... **(खड्गधारिणी से)** तो ध्रुवदेवी, क्या मन-ही-मन चन्द्रगुप्त को... है न मेरा सन्देह ठीक?

प्रतिहारी : (हाथ जोड़कर) अपराध क्षमा हो देव! अमात्य युद्ध परिषद् में आपकी प्रतीक्षा कर रहे हैं।

रामगुप्त : (हृदय पर हाथ रखकर) युद्ध तो यहाँ भी चल रहा है। देखती नहीं, जगत की अनुपम सुन्दरी मुझसे स्नेह नहीं करती और मैं हूँ इस देश का राजाधिराज!

प्रतिहारी : महाराज, शकराज का संदेश लेकर एक दूत भी आया है।

रामगुप्त : आह! किन्तु ध्रुवदेवी! उसके मन में टीस है **(कुछ सोचकर)** जो स्त्री दूसरे के शासन में रहकर और प्रेम किसी अन्य पुरुष से करती है, उसमें एक गम्भीर और व्यापक रस उद्वेलित रहता होगा। वही तो... नहीं, जो चन्द्रगुप्त से प्रेम करेगी वह स्त्री न जाने कब चोट कर बैठे? भीतर-भीतर न जाने कितने कुचक्र घूमने लगेंगे। **(खड्गधारिणी से)** सुना न, ध्रुवदेवी से कह देना चाहिए कि वह मुझे और मुझसे ही प्यार करे। केवल महादेवी बन जाना ठीक नहीं।

(खड्गधारिणी का प्रतिहारी के साथ प्रस्थान और शिखरस्वामी का प्रवेश)

शिखरस्वामी : कुछ आवश्यक बातें कहनी हैं, देव।

रामगुप्त : (चिन्ता से उँगली हिलाते हुए, जैसे अपने आप बातें कर रहा हो) ध्रुवदेवी को लेकर क्या साम्राज्य से भी हाथ धोना पड़ेगा! नहीं, तो फिर (कुछ सोचने लगता है) ठीक, तो सहसा मेरे राजदण्ड ग्रहण कर लेने से पुरोहित, अमात्य और सेनापति लोग छिपा हुआ विद्रोह भाव रखते हैं। (शिखर से) है न! केवल एक तुम्हीं मेरे विश्वासपात्र हो। समझा न! यही गिरि-पथ सब झगड़ों का अन्तिम निर्णय करेगा। क्यों अमात्य, जिसकी भुजाओं में बल न हो, उसके मस्तिष्क में तो कुछ होना चाहिए?

शिखरस्वामी : (एक पत्र लेकर) पहले इसे पढ़ लीजिए! (रामगुप्त पत्र पढ़ते-पढ़ते आश्चर्य से चौंक उठता है)। चौंकिए मत, यह घटना इतनी आकस्मिक है कि कुछ सोचने का अवसर नहीं मिलता।

रामगुप्त : (ठहरकर) है तो ऐसा ही; किन्तु एक बार ही मेरे प्रतिकूल भी नहीं। मुझे इसकी सम्भावना पहले से भी थी।

शिखरस्वामी : (आश्चर्य से) ऐं? तब तो महाराज ने अवश्य ही कुछ सोच लिया होगा। मेघ-संकुल आकाश की तरह जिसका भविष्य घिरा हो, उसकी बुद्धि को तो बिजली के समान चमकना ही चाहिए।

रामगुप्त : (संशक) कह दूँ! सोचा तो है मैंने, परन्तु क्या तुम उसका समर्थन करोगे?

शिखरस्वामी : यदि नीति-युक्त हुआ तो अवश्य समर्थन करूँगा। सबके विरुद्ध रहने पर भी स्वर्गीय आर्य समुद्रगुप्त की आज्ञा के प्रतिकूल मैंने ही आपका समर्थन किया था। नीति-सिद्धान्त के आधार पर ज्येष्ठ राजपुत्र को...।

रामगुप्त : (बात काटकर) वह तो... मैं जानता हूँ; किन्तु इस समय जो प्रश्न सामने आ गया है उस पर विचार करना चाहिए। यह तुम जानते हो कि मेरी इस विजय-यात्रा का कोई गुप्त उद्देश्य है। उसकी सफलता भी सामने दिखाई पड़ रही है। हाँ, थोड़ा-सा साहस चाहिए।

शिखरस्वामी : वह क्या?

रामगुप्त : शक-दूत सन्धि के लिए जो प्रमाण चाहता हो, उसे अस्वीकार न करना चाहिए। ऐसा करने में इस संकट के बहाने जितनी विरोधी प्रकृति हैं, उस सबको हम लोग सहज ही हटा सकेंगे।

शिखरस्वामी : भविष्य के लिए यह चाहे अच्छा हो, किन्तु इस समय तो हमको बहुत-से विघ्नों का सामना करना पड़ेगा।

रामगुप्त : (हँसकर) तुम... तुम्हारी बुद्धि कब काम में आवेगी और हाँ, चन्द्रगुप्त के मनोभाव का कुछ पता लगा?

शिखरस्वामी : कोई नई बात तो नहीं।

रामगुप्त : मैं देखता हूँ कि मुझे पहले अपने अन्तःपुर के ही विद्रोह का दमन करना होगा। (निःश्वास लेकर) ध्रुवदेवी के हृदय में चन्द्रगुप्त की आकांक्षा धीरे-धीरे जाग रही है।

शिखरस्वामी : यह असम्भव नहीं, किन्तु महाराज! इस समय आपको दूत से साक्षात् करके उपस्थित राजनीति पर ध्यान देना चाहिए। यह एक विचित्र बात है कि प्रबल पक्ष सन्धि के लिए सन्देश भेजे।

रामगुप्त : विचित्र हो चाहे सचित्र अमात्य, तुम्हारी राजनीतिज्ञता इसी में है, भीतर और बाहर के सब शत्रु एक ही चाल में परास्त हों। तो चलो!

(दोनों का प्रस्थान। मन्दाकिनी का सशंक भाव से प्रवेश)

मन्दाकिनी : (चारों ओर देखकर) भयानक समस्या है। मूर्खों ने स्वार्थ के लिए साम्राज्य के गौरव का सर्वनाश करने का निश्चय कर लिया है। सच है, वीरता जब भागती है, तब उसके पैरों से राजनीतिक छलछन्द की धूल उड़ती है। **(कुछ सोचकर)** कुमार चन्द्रगुप्त को यह सब समाचार शीघ्र ही मिलना चाहिए। गूँगी के अभिनय में महादेवी के हृदय का आवरण तनिक-सा हटा है, किन्तु वह थोड़ा-सा स्निग्ध भाव भी कुमार के लिए कम महत्त्व नहीं रखता। कुमार चन्द्रगुप्त! कितना समर्पण का भाव है उसमें और उसका बड़ा भाई रामगुप्त! कपटाचारी रामगुप्त। जी करता है, इस कुलषित वातावरण से कहीं दूर, विस्मृत में अपने को छिपा लूँ। पर मन्दा! तुझे विधाता ने क्यों बनाया **(सोचने लगती है)** नहीं, मुझे हृदय कठोर करके अपना कर्त्तव्य करने के लिए यहाँ रुकना होगा। न्याय का दुर्बल पक्ष ग्रहण करना होगा।

(गाती है)

यह कसक अरे आँसू सह जा।
बनकर विनम्र अभिमान मुझे
मेरा अस्तित्व बता, रह जा।
बन प्रेम छलक कोने-कोने
अपनी नीरव गाथा कह जा
करुणा बन दुखिया वसुधा पर
शीतलता फैलाता बह जा।

(जाती है। धुवस्वामिनी का उदास भाव से धीरे-धीरे प्रवेश। पीछे एक परिचारिका पान का डिब्बा और दूसरी चमर लिये आती है। धुवस्वामिनी एक मेज पर बैठकर अक्षरों पर उँगली रखकर कुछ सोचने लगती है और चमरशधरिणी चमर चलाने लगती है।)

धुवस्वामिनी : (दूसरी परिचारिका से) हाँ, क्या कहा, शिखरस्वामी कुछ कहना चाहते हैं? कह दो, कल सुनूँगी, आज नहीं।

परिचारिका : जैसी आज्ञा। तो मैं कह आऊँ कि अमात्य से कल महादेवी बातें करेंगी?

धुवस्वामिनी : (कुछ सोचकर) ठहरो तो, वह गुप्त साम्राज्य का अमात्य है, उससे आज ही भेंट करना होगा। हाँ, यह तो बताओ, तुम्हारे राजकुल में नियम क्या है? पहले अमात्य की मंत्रणा सुननी पड़ती है, तब राजा से भेंट होती है?

परिचारिका : (दाँतों से जीभ दबाकर) ऐसा नियम तो मैंने नहीं सुना। यह युद्ध-शिविर है न! परम भट्टारक को अवसर न मिला होगा। महादेवी! आपको सन्देह न करना चाहिए।

धुवस्वामिनी : मैं महादेवी ही हूँ न? यदि यह सत्य है तो क्या तुम मेरी आज्ञा से कुमार चन्द्रगुप्त को यहाँ बुला सकती हो? मैं चाहती हूँ कि अमात्य के साथ ही कुमार से भी कुछ बातें कर लूँ।

परिचारिका : क्षमा कीजिए, इसके लिए तो पहले अमात्य से पूछना होगा।

(धुवस्वामिनी क्रोध से उसकी ओर देखने लगती है और वह पान का डिब्बा रखकर चली जाती है। एक बौने का कुबड़े और हिजड़े के साथ प्रवेश)

कुबड़ा : युद्ध! भयानक युद्ध!!

बौना : हो रहा है, कि कहीं होगा मित्र!

हिजड़ा : बहनो, यहीं युद्ध करके दिखाओ न! महादेवी भी देख लें।

बौना : (कुबड़े से) सुनता है रे! तू अपना हिमाचल इधर कर दे - मैं दिग्विजय करने के लिए कुबेर पर चढ़ाई करूँगा।

(उसकी कूबड़ को दबाता है और कुबड़ा अपने घुटनों और हाथों के बल बैठ जाता है। हिजड़ा कुबड़े की पीठ पर बैठता है। बौना एक मोछल लेकर तलवार की तरह उसे घुमाने लगता है।)

हिजड़ा : अरे! यह तो मैं हूँ नल-कूबर की वध! दिग्विजयी वीर, क्या तुम स्त्री से युद्ध करोगे? लौट जाओ, कल आना। मेरे श्वसुर और आर्यपुत्र दोनों ही उर्वशी और रम्भा के अभिसार से अभी नहीं आए। कुछ आज ही तो युद्ध करने का शुभ मुहूर्त नहीं है।

बौना : (मोछल से पटा घुमाता हुआ) नहीं, आज ही युद्ध होगा। तुम स्त्री नहीं हो, तुम्हारी उँगलियाँ तो मेरी तलवार से अधिक चल रही हैं। कूबड़ तुम्हारे नीचे है तब मैं कैसे मान लूँ कि तुम न तो नल-कूबड़ हो और न कुबेर! तुम्हारे वस्त्रों से मैं धोखा न खाऊँगा। तुम पुरुष हो, युद्ध करो।

हिजड़ा : (उसी तरह मटकते हुए) अरे, मैं स्त्री हूँ। बहनो, कोई मुझसे ब्याह भले कर सकता है, लड़ाई में क्या जानूँ?

(दासी के साथ शिखरस्वामी का प्रवेश)

शिखर-स्वामी : महादेवी की जय हो!

(दूसरी ओर से युवती दासी के कन्धे का सहारा लिए कुछ-कुछ मदिरा के नशे में रामगुप्त का प्रवेश। मुस्कराता हुआ बौने का खेल देखने लगता है। ध्रुवस्वामिनी उठकर खड़ी हो जाती है और शिखरस्वामी रामगुप्त को संकेत करता है।)

रामगुप्त : (कुछ भरिये हुए कण्ठ से) महादेवी की जय हो।

ध्रुवस्वामिनी : स्वागत महाराज!

रामगुप्त एक मंच पर बैठ जाता है और शिखरस्वामी ध्रुवस्वामिनी के इस उदासीन शिष्टाचार से चकित होकर सिर खुजलाने लगता है)

कुबड़ा : दोहाई राजाधिराज की! हिमाचल का कूबड़ दुखने लगा। न तो यह नल-कूबड़ की बहू मेरे कूबड़ से उठती है और न तो यह बौना मुझे विजय ही कर लेता है।

रामगुप्त : (हँसते हुए) वाह रे वामन वीर! यहाँ दिग्विजय का नाटक खेला जा रहा था क्या?

बौना : (अकड़कर) वामन के बलि-विजय की गाथा और तीन पगों की महिमा सब लोग जानते हैं। मैं तीन लात में इसका कूबड़ सीधा कर सकता हूँ।

कुबड़ा : लगा दे भाई बौने। फिर यह अचल हेमकूट बनना तो छूट जाय!

हिजड़ा : देखो जी, मैं नल-कूबर की वधू इस पर बैठी हूँ।

बौना : झूठ! युद्ध के डर से पुरुष होकर भी यह स्त्री बन गया है।

हिजड़ा : मैं तो पहले ही कह चुकी कि मैं युद्ध करना नहीं जानती।

बौना : तुम नल-कूबर की स्त्री हो न, तो अपनी विजय का उपहार समझकर मैं तुम्हारा हरण कर लूँगा। **(और लोगों की ओर देखकर उसका हाथ पकड़ कर खींचता हुआ)** ठीक होगा न? कदाचित् यह धर्म के विरुद्ध न होगा!

(रामगुप्त ठहाकर हँसने लगता है)

ध्रुवस्वामिनी : (क्रोध से अकड़कर) निकालो! अभी निकालो, यहाँ ऐसी निर्लज्जता का नाटक मैं नहीं देखना चाहती। (शिखरस्वामी की ओर भी सक्रोध देखती है, शिखर के संकेत करने पर वे भाग जाते हैं।)

रामगुप्त : अरे, ओ दिग्विजयी! सुन तो (उठकर ताली पीटता हुआ हँसने लगता है। ध्रुवस्वामिनी क्षोभ और घृणा से मुँह फिरा लेती है। शिखरस्वामी के संकेत से दासी मदिरा का पात्र ले आती है, उसे देखकर प्रसन्नता से आँखें फाड़कर शिखर की ओर अपना हाथ बढ़ा देता है) अमात्य, आज ही महादेवी के पास मैं आया और आप भी पहुँच गये, यह एक विलक्षण घटना है। है न (**पात्र लेकर पीता है)**

शिखरस्वामी : देव, मैं इस समय एक आवश्यक कार्य से आया हूँ।

रामगुप्त : ओह! मैं तो भूल ही गया था! वह बर्बर शकराज क्या चाहता है? मैं आक्रमण न करूँ, इतना ही तो? जाने दो, युद्ध कोई अच्छी बात तो नहीं!

शिखरस्वामी : वह और भी कुछ चाहता है।

रामगुप्त : क्या कुछ सहायता भी माँग रहा है?

शिखरस्वामी : (सिर झुकाकर गम्भीरता से) नहीं देव, वह बहुत ही असंगत और अशिष्ट याचना कर रहा है।

रामगुप्त : क्या? कुछ कहो भी।

शिखरस्वामी : क्षमा हो महाराज! दूत तो अवध्य होता ही है; इसलिए उसका सन्देश सुनना ही पड़ा। वह कहता था कि शकराज से महादेवी ध्रुवस्वामिनी का... रुककर ध्रुवस्वामिनी की ओर देखने लगता है। ध्रुवस्वामिनी सिर हिलाकर कहने की आज्ञा देती है।) विवाह-सम्बन्ध स्थिर हो चुका था। बीच में ही आर्य समुद्रगुप्त की विजय-यात्रा में महादेवी के पिताजी ने उपहार में उन्हें गुप्तकुल में भेज दिया, इसलिए महादेवी को वह...।

रामगुप्त : ऐं, क्या कहते हो? अमात्य, क्या वह महादेवी को माँगता है?

शिखर-स्वामी : हाँ देव! साथ ही वह अपने सामन्तों के लिए भी मगध के सामन्तों की स्त्रियों को माँगता है।

रामगुप्त : (श्वास लेकर) ठीक ही है, जब उसके पास सामन्त हैं, तब उन लोगों के लिए भी स्त्रियाँ चाहिए। हाँ, क्या यह सच है कि महादेवी के पिता ने पहले शकराज से इनका सम्बन्ध स्थिर कर लिया था?

शिखर-स्वामी : यह तो मुझे नहीं मालूम। **(ध्रुवस्वामिनी रोष से फूलती हुई टहलने लगती है।)**

रामगुप्त : महादेवी, अमात्य क्या पूछ रहे हैं?

ध्रुवस्वामिनी : इस प्रथम सम्भाषण के लिए मैं कृतज्ञ हुई महाराज! किन्तु मैं भी यह जानना चाहती हूँ कि गुप्त साम्राज्य क्या स्त्री-सम्प्रदान से ही बढ़ा है?

रामगुप्त : (झेंपकर हँसता हुआ) हें-हें-हें, बताइए अमात्य जी!

शिखरस्वामी : मैं क्या कहूँ? शत्रु-पक्ष का यही सन्धि-सन्देश है। यदि स्वीकार न हो तो युद्ध कीजिए। शिविर दोनों ओर से घिर गया है। उसकी बातें मानिए, या मरकर भी अपनी कुलमर्यादा की रक्षा कीजिए। दूसरा कोई उपाय नहीं।

रामगुप्त : (चौंककर) क्या प्राण देने के अतिरिक्त दूसरा कोई उपाय नहीं? ऊँ-हूँ तब तो महादेवी से पूछिए।

ध्रुवस्वामिनी : (तीव्र स्वर से) और आप लोग कुबड़ों, बौनों और नपुंसकों का नृत्य देखेंगे। मैं जानना चाहती हूँ कि किसने सुख-दुःख में मेरा साथ न छोड़ने की प्रतिज्ञा अग्निवेदी के सामने की है?

रामगुप्त : (चारों ओर देखकर) किसने की है, कोई बोलता क्यों नहीं

ध्रुवस्वामिनी : तो क्या मैं राजाधिराज रामगुप्त की महादेवी नहीं हूँ

रामगुप्त : क्यों नहीं? परन्तु रामगुप्त ने ऐसी कोई प्रतिज्ञा न की होगी। मैं तो उस दिन द्राक्षासव-सर में डुबकी लगा रहा था। पुरोहितों ने न जाने क्या-क्या पढ़ा दिया होगा। उन सब बातों का बोझ मेरे सिर पर! (सिर हिलाकर) कदापि नहीं।

ध्रुवस्वामिनी : (निस्सहाय होकर दीनता से शिखरस्वामी के प्रति) यह तो हुई राजा की व्यवस्था, अब सुनूँ मन्त्री महोदय क्या कहते हैं!

शिखरस्वामी : मैं कहूँगा देवि, अवसर देखकर राज्य की रक्षा करने वाली उचित सम्मति देना ही तो मेरा कर्तव्य है। राजनीति के सिद्धान्त में राष्ट्र की रक्षा सब उपायों से करने का आदेश है। उसके लिए राजा, रानी, कुमार और अमात्य सबका विसर्जन किया जा सकता है; किन्तु राज विसर्जन अन्तिम उपाय है।

रामगुप्त : (प्रसन्नता से) वाह! क्या कहा तुमने! तभी तो लोग तुम्हें नीतिशास्त्र का बृहस्पति समझते हैं।

ध्रुवस्वामिनी : अमात्य, तुम बृहस्पति हो चाहे शुक्र, किन्तु, धूर्त होने से ही क्या मनुष्य भूल नहीं सकता? आर्य समुद्रगुप्त के पुत्र को पहचानने में तुमने भूल तो नहीं की। सिंहासन पर भ्रम से किसी दूसरे को तो नहीं बैठा दिया?

रामगुप्त : (आश्चर्य से) क्या क्या? क्या?

ध्रुवस्वामिनी : कुछ नहीं, मैं केवल यही कहना चाहती हूँ कि पुरुषों ने स्त्रियों को अपनी पशु-सम्पत्ति समझकर उन पर अत्याचार करने का अभ्यास बना लिया है। वह मेरे साथ नहीं चल सकता। यदि तुम मेरी रक्षा नहीं कर सकते, अपने कुल की मर्यादा, नारी का गौरव नहीं बचा सकते, तो मुझे बेच भी नहीं सकते हो। हाँ, तुम लोगों को आपत्ति से बचाने के लिए मैं स्वयं यहाँ से चली जाऊँगी।

शिखरस्वामी : (मुँह बनाकर) उँह, राजनीति में ऐसी बातों को स्थान नहीं। जब तक नियमों के अनुकूल सन्धि का पूर्ण रूप से पालन न किया जाय, तब तक सन्धि का कोई अर्थ ही नही।

ध्रुवस्वामिनी : देखती हूँ कि इस राष्ट्र-रक्षा-यज्ञ में रानी की बलि होगी ही।

शिखरस्वामी : दूसरा कोई उपाय नहीं।

ध्रुवस्वामिनी : (क्रोध से पैर पटककर) उपाय नहीं, तो न हो, निर्लज्ज अमात्य! फिर ऐसा प्रस्ताव मैं सुनना नहीं चाहती।

रामगुप्त : (चौंककर) इस छोटी-सी बात के लिए इतना बड़ा उपद्रव! (दासी की ओर देखकर) मेरा तो कण्ठ सूखने लगा।

(वह मदिरा देती है)

ध्रुवस्वामिनी : (दृढ़ता से) अच्छा, तो अब मैं चाहती हूँ कि अमात्य अपने मन्त्रणा-गृह में जाएँ। मैं केवल रानी ही नहीं, किन्तु स्त्री भी हूँ; मुझे अपने को पति कहलाने वाले पुरुष से कुछ कहना है, राजा से नहीं।

(शिखरस्वामी का दासियों के साथ प्रस्थान)

रामगुप्त : ठहरो जी, मैं भी चलता हूँ (उठना चाहता है। ध्रुवस्वामिनी उसका हाथ पकड़कर रोक लेती है।) तुम मुझसे क्या कहना चाहती हो?

ध्रुवस्वामिनी : (ठहरकर) अकेले यहाँ भय लगता है क्या? बैठिए, सुनिए। मेरे पिता ने

उपहारस्वरूप कन्यादान किया था। किन्तु गुप्त सम्राट क्या अपनी पत्नी शत्रु को उपहार में देंगे **(घुटने के बल बैठकर)** ? देखिए, मेरी ओर देखिए। मेरा स्त्रीत्व क्या इतने का भी अधिकारी नहीं कि अपने को स्वामी समझने वाला पुरुष उसके लिए प्राणों का पण लगा सके?

रामगुप्त : (उसे देखता हुआ) तुम सुन्दर हो, ओह, कितनी सुन्दर; किन्तु सोने की कटार पर मुग्ध होकर उसे कोई अपने हृदय में डुबा नहीं सकता। तुम्हारी सुन्दरता - तुम्हारा नारीत्व - अमूल्य हो सकता है। फिर भी अपने लिए मैं स्वयं कितना आवश्यक हूँ, कदाचित् तुम यह नहीं जानती हो।

ध्रुवस्वामिनी : (उसके पैरों को पकड़कर) मैं गुप्त-कुल की वधू होकर इस राजपरिवार में आई हूँ इसी विश्वास पर...।

रामगुप्त : (उसे रोककर) वह सब मैं नहीं सुनना चाहता।

ध्रुवस्वामिनी : मेरी रक्षा करो। मेरे और अपने गौरव की रक्षा करो। राजा, आज मैं शरण की प्रार्थिनी हूँ। मैं स्वीकार करती हूँ कि आज तक मैं तुम्हारे विलास की सहचरी नहीं हुई, किन्तु वह मेरा अहंकार चूर्ण हो गया है। मैं तुम्हारी होकर रहूँगी। राज्य और सम्पत्ति रहने पर राजा को - पुरुष को बहुत-सी रानियाँ और स्त्रियाँ मिलती हैं, किन्तु व्यक्ति का मान नष्ट होने पर फिर नहीं मिलता।

रामगुप्त : (घबराकर उसका हाथ हटाता हुआ) ओह, तुम्हारा यह घातक स्पर्श बहुत ही उत्तेजनापूर्ण है। मैं, नहीं। तुम, मेरी रानी! नहीं, नहीं। जाओ, तुमको जाना पड़ेगा। तुम उपहार की वस्तु हो। आज मैं तुम्हें किसी दूसरे को देना चाहता हूँ। इसमें तुम्हें क्यों आपत्ति हो?

ध्रुवस्वामिनी : (खड़ी होकर रोष से) निर्लज्ज! मद्यप!! क्लीव!!! ओह, तो मेरा कोई रक्षक नहीं **(ठहरकर)** नहीं, मैं अपनी रक्षा स्वयं करूँगी। मैं उपहार में देने की वस्तु, शीतलमणि नहीं हूँ। मुझमें रक्त की तरल लालिमा है। मेरा हृदय ऊष्ण है और उसमें आत्मसम्मान की ज्योति है। उसकी रक्षा मैं ही करूँगी **(रशना से कृपाण निकाल लेती है)।**

रामगुप्त : (भयभीत होकर पीछे हटता हुआ) तो क्या तुम मेरी हत्या करोगी?

ध्रुवस्वामिनी : तुम्हारी हत्या नहीं, तुम जियो। भेड़ की तरह तुम्हारा क्षुद्र जीवन! उसे न लूँगी! मैं अपना ही जीवन समाप्त करूँगी।

रामगुप्त : किन्तु तुम्हारे मर जाने पर उस बर्बर शकराज के पास किसको भेजा जाएगा? नहीं, नहीं, ऐसा न करो। हत्या! हत्या!! दौड़ो...। दौड़ो!! **(भागता हुआ निकल जाता है। दूसरी ओर से वेग सहित चन्द्रगुप्त का प्रवेश)**

चन्द्रगुप्त : हत्या! कैसी हत्या!! **(ध्रुवस्वामिनी को देखकर)** यह क्या? महादेवी, ठहरिए!

ध्रुवस्वामिनी : कुमार, इसी समय तुम्हें भी आना था! **(सकरुण देखती हुई)** मैं प्रार्थना करती हूँ कि तुम यहाँ से चले जाओ! मुझे अपने अपमान में निर्वसन-नग्न देखने का किसी पुरुष को अधिकार नहीं। मुझे मृत्यु की चादर से अपने को ढँक लेने दो।

चन्द्रगुप्त : किन्तु क्या कारण सुनने का मैं अधिकारी नहीं हूँ?

ध्रुवस्वामिनी : सुनोगे? **(ठहरकर सोचती हुई)** नहीं, अभी आत्महत्या नहीं करूँगी। जब तुम आ गए हो तो थोड़ा ठहरूँगी। यह तीखी छुरी इस अतृप्त हृदय में, विकासोन्मुख कुसुम में विषैले कीट के डंक की तरह चुभा दूँ या नहीं, इस पर विचार करूँगी। यदि नहीं तो मेरी दुर्दशा का पुरस्कार क्या कुछ और है? हाँ, जीवन के लिए कृतज्ञ, उपकृत और आभारी होकर किसी के अभिमानपूर्ण आत्म-विज्ञापन का भार ढोती रहूँ। यही क्या विधाता का निष्ठुर विधान है? छुटकारा नहीं। जीवन नियति के कठोर आदेश पर चलेगा ही। तो क्या यह मेरा जीवन भी अपना नहीं है?

चन्द्रगुप्त : देवि, जीवन विश्व की सम्पत्ति है। प्रमाद से, क्षणिक आवेश से, या दुःख की कठिनाइयों

से उसे नष्ट करना ठीक तो नहीं। गुप्त-कुल लक्ष्मी आज यह छिन्नमस्ता का अवतार किसलिए धारण करना चाहती है, सुनूँ भी?

ध्रुवस्वामिनी : नहीं, मैं मरूँगी नहीं! क्योंकि तुम आ गये हो। मेरी शिविका के साथ चामर-सज्जित अश्व पर चढ़कर तुम्हीं उस दिन आए थे। तुम्हारा विश्वासपूर्ण मुखमण्डल मेरे साथ आने में क्यों इतना प्रसन्न था?

चन्द्रगुप्त : मैं गुप्त-कुल-वधू को आदर सहित ले आने के लिए गया था, फिर प्रसन्न क्यों न होता?

ध्रुवस्वामिनी : तो फिर आज मुझे शक-शिविर में पहुँचाने के लिए उसी प्रकार तुमको मेरे साथ चलना होगा। **(आँखों से आँसू पोंछती है!)**

चन्द्रगुप्त : **(आश्चर्य से)** यह कैसा परिहास!

ध्रुवस्वामिनी : कुमार! यह परिहास नहीं, राजा की आज्ञा है। शकराज को मेरी अत्यन्त आवश्यकता है। यह अवरोध, बिना मेरा उपहार दिए नहीं हट सकता।

चन्द्रगुप्त : **(आवेश से)** यह नहीं हो सकता। महादेवी! जिस मर्यादा के लिए-जिस महत्त्व को स्थिर रखने के लिए मैंने राजदण्ड ग्रहण न करके अपना मिला हुआ अधिकार छोड़ दिया, उसका यह अपमान! मेरे जीवित रहते आर्य समुद्रगुप्त के स्वर्गीय गर्व को इस तरह पद-दलित होना न पड़ेगा। **(ठहरकर)** और भी एक बात है। मेरे हृदय के अन्धकार में प्रथम किरण-सी आकर जिसने अज्ञातभाव से अपना मधुर आलोक ढाल दिया था, उसको भी मैंने केवल इसीलिए भूलने का प्रयत्न किया कि... **(सहसा चुप हो जाता है।)**

ध्रुवस्वामिनी : **(आँख बन्द किए हुए कुतूहल-भरी प्रसन्नता से)** हाँ-हाँ, कहो-कहो।

(शिखरस्वामी के साथ रामगुप्त का प्रवेश)

रामगुप्त : देखो तो कुमार! यह भी कोई बात है! आत्महत्या कितना बड़ा अपराध है!

चन्द्रगुप्त : और आप से तो वह भी करते नहीं बनता।

रामगुप्त : **(शिखरस्वामी से)** देखो, कुमार के मन में छिपा हुआ कलुष कितना... कितना... भयानक है?

शिखरस्वामी : कुमार, विनय गुप्त-कुल का सर्वोत्तम गृह-विधान है, उसे न भूलना चाहिए!

चन्द्रगुप्त : **(व्यंग्य से हँसकर)** अमात्य, तभी तो तुमने व्यवस्था दी है कि महादेवी को देकर भी सन्धि की जाय! क्यों, यही तो विनय की पराकाष्ठा है! ऐसा विनय प्रवञ्चकों का आवरण है, जिसमें शील न हो। और शील परस्पर सम्मान की घोषणा करता है। कापुरुष! आर्य समुद्रगुप्त का सम्मान...

शिखरस्वामी : **(बीच में बात काटकर)** उसके लिए मुझे प्राणदण्ड दिया जाए! मैं उसे अविचल भाव से ग्रहण करूँगा; परन्तु राजा और राष्ट्र की रक्षा होनी चाहिए।

मन्दाकिनी : **(प्रवेश करके)** राजा अपने राष्ट्र की रक्षा करने में असमर्थ है, तब भी उस राजा की रक्षा होनी ही चाहिए। अमात्य, यह कैसी विवशता है! तुम मत्युदण्ड के लिए उत्सुक! महादेवी आत्महत्या करने के लिए प्रस्तुत! फिर यह हिचक क्यों? एक बार अन्तिम बल से परीक्षा कर देखो! बचोगे तो राष्ट्र और सम्मान भी बचेगा, नहीं तो सर्वनाश!

चन्द्रगुप्त : आह मन्दा! भला तू कहाँ से यह उल्लास-भरी बात कहने के लिए आ गई? ठीक तो है अमात्य! सुनो, यह स्त्री क्या कह रही है

रामगुप्त : **(अपने हाथों को मसलते हुए)** दुरभिसन्धि, छल, मेरे प्राण लेने का कौशल!

चन्द्रगुप्त : तब आओ, हम लोग स्त्री बन जाएँ और बैठकर रोएँ।

हिजड़ा : (प्रवेश करके) कुमार, स्त्री बनना सहज नहीं है! कुछ दिनों तक मुझसे सीखना होगा। **(सबका मुँह देखता है और शिखरस्वामी के मुँह पर हाथ फेरता है)** उहूँ, तुम नहीं बन सकते! तुम्हारे ऊपर बड़ा कठोर आवरण है। **(कुमार के समीप जाकर)** कुमार! मैं शपथ खाकर कह सकती हूँ कि यदि मैं अपने हाथों से सजा दूँ तो आपको देखकर महादेवी को भ्रम हो जाए।

(चन्द्रगुप्त उसका कान पकड़कर बाहर कर देता है)

ध्रुवस्वामिनी : उसे छोड़ दो, कुमार! यहाँ पर एक वही नपुंसक तो नहीं है। बहुत-से लोगों में किसको-किसको निकालोगे?

(चन्द्रगुप्त उसे छोड़कर चिन्तित-सा टहलने लगता है और शिखरस्वामी रामगुप्त के कानों में कुछ कहता है)

चन्द्रगुप्त : (सहसा खड़े होकर) अमात्य, तो तुम्हारी ही बात रही। हाँ, उसमें तुम्हारे सहयोगी हिजड़े की भी सम्मति मुझे अच्छी लगी। मैं ध्रुवस्वामिनी बनकर अन्य सामन्त कुमारों के साथ शकराज के पास जाऊँगा। अगर सफल हुआ तब तो कोई बात ही नहीं, अन्यथा मेरी मृत्यु के बाद तुम लोग जैसा उचित समझना, वैसा करना।

ध्रुवस्वामिनी : (चन्द्रगुप्त को अपनी भुजाओं में पकड़कर) नहीं, मैं तुमको न जाने दूँगी। मेरे क्षुद्र, दुर्बल नारी-जीवन का सम्मान बचाने के लिए इतने बड़े बलिदान की आवश्यकता नहीं।

रामगुप्त : (आश्चर्य और क्रोध से) छोड़ो-छोड़ो, यह कैसा अनर्थ! सबके सामने यह कैसी निर्लज्जता!

ध्रुवस्वामिनी : (चन्द्रगुप्त को छोड़ती हुई... जैसे चैतन्य होकर) यह पाप है। जो मेरे लिए अपनी बलि दे सकता हो, जो मेरे स्नेह... (ठहरकर) अथवा इससे क्या? शकराज क्या मुझे देवी बनाकर भक्ति-भाव से मेरी पूजा करेगा? वाह रे लज्जाशील पुरुष!

(शिखरस्वामी फिर रामगुप्त के कानों में कुछ कहता है। रामगुप्त स्वीकारसूचक सिर हिलाता है)

शिखरस्वामी : राजाधिराज! आज्ञा दीजिए, यही एक उपाय है जिसे कुमार बता रहे हैं। किन्तु राजनीति की दृष्टि से महादेवी का भी वहाँ जाना आवश्यक है।

चन्द्रगुप्त : (क्रोध से) क्यों आवश्यक है! यदि उन्हें जाना ही पड़ा, तो फिर मेरे जाने से क्या लाभ तब मैं न जाऊँगा।

रामगुप्त : नहीं, यह मेरी आज्ञा है। सामन्त कुमारों के साथ जाने के लिए प्रस्तुत हो जाओ।

ध्रुवस्वामिनी : तो कुमार! हम लोगों का चलना निश्चित ही है। अब इसमें विलम्ब की आवश्यकता नहीं।

(चन्द्रगुप्त का प्रस्थान। ध्रुवस्वामिनी मंच पर बैठकर रोने लगती है)

रामगुप्त : अब यह कैसा अभिनय! मुझे तो पहले से ही शंका थी और आज तो तुमने मेरी आँखें खोल दी।

ध्रुवस्वामिनी : अनार्य! निष्ठुर! मुझे कलंक-कालिमा के कारागर में बन्द कर, मर्म-वाक्य के धुएँ से दम घोंटकर मार डालने की आशा न करो। आज मेरी असहायता मुझे अमृत पिलाकर मेरा निर्लज्ज जीवन बढ़ाने के लिए तत्पर है। **(उठकर, हाथ से निकल जाने का संकेत करते हुए)** जाओ, मैं एकान्त चाहती हूँ।

(शिखरस्वामी के साथ रामगुप्त का प्रस्थान)

ध्रुवस्वामिनी : कितना अनुभूतिपूर्ण था वह एक क्षण का आलिंगन। कितने सन्तोष से भरा था! नियति ने अज्ञात भाव से मानो लू से तपी हुई वसुधा को क्षितिज के निर्जन में सायंकालीन शीतल आकाश से मिला दिया हो। **(ठहरकर)** जिस आयुविहीन प्रदेश में उखड़ी हुई साँसों पर बन्धन हो - अर्गला हो, वहाँ रहते-रहते यह जीवन असह्य हो गया था। तो भी मरूँगी नहीं। संसार के कुछ दिन विधाता के विधान में अपने लिए सुरक्षित करा लूँगी। कुमार! तुमने वही किया, जिसे मैं बचाती रही। तुम्हारे उपकार और स्नेह की वर्षा से मैं भीगी जा रही हूँ। ओह, **(हृदय पर उँगली रखकर)** इस वक्षस्थल में दो हृदय हैं क्या? अब अन्तरंग 'हाँ' करना चाहता है, जब ऊपरी मन 'ना' क्यों कह देता है?

चन्द्रगुप्त : (प्रवेश करके) महादेवी, हम लोग प्रस्तुत हैं, किन्तु ध्रुवस्वामिनी के साथ शक-शिविर में जाने के लिए हम लोग सहमत नहीं।

ध्रुवस्वामिनी : (हँसकर) राजा की आज्ञा मान लेना ही पर्याप्त नहीं। रानी की भी एक बात न मानोगे? मैंने तो पहले ही कुमार से प्रार्थना की थी कि मुझे जैसे ले आए हो उसी तरह पहुँचा भी दो।

चन्द्रगुप्त : नहीं - मैं अकेले ही जाऊँगा।

ध्रुवस्वामिनी : कुमार! यह मृत्यु और निर्वासन का सुख तुम अकेले ही लोगे, ऐसा नहीं हो सकता। राजा की इच्छा क्या है, यह जानते हो? मुझसे और तुमसे एक साथ ही छुटकारा! तो फिर वही क्यों न हो हम दोनों ही चलेंगे। मृत्यु के गह्वर में प्रवेश करने के समय मैं भी तुम्हारी ज्योति बनकर बुझ जाने की कामना रखती हूँ। और भी एक विनोद, प्रलय का परिहास, देख सकूँगी। मेरे सहचरी! तुम्हारा वह ध्रुवस्वामिनी का वेश ध्रुवस्वामिनी ही न देखे तो किस काम का?

(दोनों हाथों से चन्द्रगुप्त का चिबुक पकड़ कर सकरुण देखती है।)

चन्द्रगुप्त : (अधखुली आँखों से देखता हुआ) तो फिर चलो।

(सामंतकुमारों के आगे-आगे मंदाकिनी का गंभीर-स्वर में गाते हुए प्रवेश)

पैरों के नीचे जलधर हों, बिजली से उनका खेल चले।
संकीर्ण कगारों के नीचे, शत-शत झरने बेमेल चलें ॥

सन्नाटे में हो विकल पवन, पादप निज पद हों चूम रहे।
तब भी गिरि पथ का अथक पथिक, ऊपर ऊँचे सब झेल चले ॥

पृथ्वी की आँखों में बनकर, छाया का पुतला बढ़ता हो।
सूने तम में हो ज्योति बना, अपनी प्रतिमा को गढ़ता हो ॥

पीड़ा की धूल उड़ाता-सा, बाधाओं को ठुकराता-सा।
कष्टों पर कुछ मुसक्याता-सा, ऊपर ऊँचे सब झेल चले ॥

खिलते हों क्षत के फूल वहाँ, बन व्यथा तमिस्रा के तारे।
पद-पद पर ताण्डव नर्तक हों, स्वर सप्तक होवें लय सारे ॥

भैरव रव से हो व्याप्त दिशा, हो काँप रही भय-चकित निशा।
हो स्वेद धार बहती कपिशा, ऊपर ऊँचे सब झेल चले ॥

विचलित हो अचल न मौन रहे, निष्ठर श्रृंगार उतरता हो।
क्रन्दन कम्पन न पुकार बने, निज साहस पर निर्भरता हो ॥

अपनी ज्वाला को आप पिये, नव नील कण्ठ की छाप लिये।
विश्राम शांति को शाप दिए, ऊपर ऊँचे सब झेल चले ॥

(चन्द्रगुप्त और ध्रुवस्वामिनी के साथ सबका धीरे-धीरे प्रस्थान। अकेली मन्दाकिनी खड़ी

रह जाती है।)

(पटाक्षेप)

द्वितीय अंक

(एक दुर्ग के भीतर सुनहले कामवाले खम्भों पर एक दालान, बीच में छोटी-छोटी-सी सीढ़ियाँ, उसी के सामने कश्मीरी खुदाई का सुंदर लकड़ी का सिंहासन। बीच के दो खंभे खुले हुए हैं, उनके दोनों ओर मोटे-मोटे चित्र बने हुए तिब्बती ढंग से रेशमी पर्दे पड़े हैं, सामने बीच में छोटा-सा आँगन की तरह जिसके दोनों ओर क्यारियाँ, उनमें दो-चार पौधे और लताएँ फूलों से लदी दिखलाई पड़ती हैं।)

कोमा : (धीरे-धीरे पौधों को देखती हुई प्रवेश करके) इन्हें सींचना पड़ता है, नहीं तो इनकी रुखाई और मलिनता सौंदर्य पर आवरण डाल देती हैं। **(देखकर)** आज तो इनके पत्ते धुले हुए भी नहीं हैं। इनमें फूल जैसे मुकुलित होकर ही रह गए हैं। खिलखिलाकर हँसने का मानो इन्हें बल नहीं। **(सोचकर)** ठीक, इधर कई दिनों में महाराज अपने युद्ध-विग्रह में लगे हुए हैं और मैं भी यहाँ नहीं आई, तो फिर इनकी चिन्ता कौन करता? उस दिन मैंने यहाँ दो मंच और भी रख देने के लिए कह दिया था, पर सुनता कौन है? सब जैसे रक्त के प्यासे! प्राण लेने और देने में पागल! वसन्त का उदास और असल पवन आता है, चला जाता है। कोई उस स्पर्श से परिचित नहीं। ऐसा तो वास्तविक जीवन नहीं है **(सीढ़ी पर बैठकर सोचने लगती है)** प्रणय! प्रेम! जब सामने से आते हुए तीव्र आलोक की तरह आँखों में प्रकाशपुंज उड़ेल देता है, तब सामने की सब वस्तुएँ और भी अस्पष्ट हो जाती हैं। अपनी ओर से कोई भी प्रकाश की किरण नहीं। तब वही, केवल वही! हो पागलपन, भूल हो, दुःख मिले। प्रेम करने की एक ऋतु होती है। उसमें चूकना, उसमें सोच-समझकर चलना दोनों बराबर हैं। सुना है दोनों ही संसार के चतुरों की दृष्टि से मूर्ख बनते हैं, तब कोमा, तू किसे अच्छा समझती है?

(गाती है)

यौवन! तेरी चंचल छाया।
इसमें बैठे घूँट भर पी लूँ जो रस तू है लाया।
मेरे प्याले में पद बनकर कब तू छली समाया।
जीवन-वंशी के छिद्रों में स्वर बनकर लहराया।
पल भर रुकने वाले! कह तू पथिक! कहाँ से आया

(चुप होकर आँखें बंद किए तन्मय होकर बैठी रह रह जाती है। शकराज का प्रवेश। हाथ में एक लम्बी तलवार लिए चिंतित भाव से आकर इस तरह खड़ा होता है, जिससे कोमा को नहीं देखता।)

शकराज : खिंगल अभी नहीं आया, क्या वह वंदी तो नहीं कर लिया गया? नहीं, यदि वे अंधे नहीं हैं तो उन्हें अपने सिर पर खड़ी विपत्ति दिखाई देनी चाहिए। **(सोचकर)** विपत्ति, केवल उन्हीं पर तो नहीं है, हम लोगों को भी रक्त की नदी बहानी पड़ेगी। चित्त बड़ा चंचल हो रहा है, तो बैठ जाऊँ इस एकान्त में। अपने बिखरे हुए मन को सँभाल लूँ। **(इधर-उधर देखता है, कोमा आहट पाकर खड़ी होती है। उसे देखकर)** अरे, कोमा! कोमा!

कोमा : हाँ, महाराज! क्या आज्ञा है?

शकराज : (उसे स्निग्ध भाव से देखकर) आज्ञा नहीं, कोमा! तुम्हें आज्ञा न दूँगा! तुम रूठी हुई-सी क्यों बोल रही हो?

कोमा : रूठने का सुहाग मुझे मिला कब?

शकराज : आजकल में जैसी भीषण परिस्थिति में हूँ, उसमें अन्यमनस्क होना स्वाभाविक है, तुम्हें यह भूल न जाना चाहिए।

कोमा : तो क्या आपकी दुश्चिन्ताओं में मेरा भाग नहीं? मुझे उससे अलग रखने से क्या वह परिस्थिति कुछ सरल हो रही है?

शकराज : तुम्हारे हृदय को उन दुर्भावनाओं में डालकर व्यथित नहीं करना चाहता। मेरे सामने जीवन-मरण का प्रश्न है।

कोमा : प्रश्न स्वयं किसी के सामने नहीं आते। मैं तो समझती हूँ, मनुष्य उन्हें जीवन के लिए उपयोगी समझता है। मकड़ी की तरह लटकने के लिए अपने आप ही जाला बुनता है। जीवन का प्राथमिक प्रसन्न उल्लास मनुष्य के भविष्य में मंगल और सौभाग्य को आमंत्रित करता है। उससे उदासीन न होना चाहिए, महाराज!

शकराज : सौभाग्य और दुर्भाग्य मनुष्य की दुर्बलता के नाम हैं। मैं तो पुरुषार्थ को ही सबका नियामक समझता हूँ! पुरुषार्थ ही सौभाग्य को खींच लाता है। हाँ, मैं इस युद्ध के लिए उत्सुक नहीं था कोमा, मैं ही दिग्विजय के लिए नहीं निकला था।

कोमा : संसार के नियम के अनुसार आप अपने से महान् के सम्मुख थोड़ा-सा विनीत बनकर उस उपद्रव से अलग रह सकते थे।

शकराज : यही तो मुझसे नहीं हो सकता।

कोमा : अभावमयी लघुता में मनुष्य अपने को महत्त्वपूर्ण दिखाने का अभिनय न करे तो क्या अच्छा नहीं है?

शकराज : (चिढ़कर) यह शिक्षा अभी रहने दो कोमा, मैं किसी से बड़ा नहीं हूँ तो छोटा भी नहीं बनना चाहता। तुम अभी तक पाषाणी प्रतिमा की तरह वहीं खड़ी हो, मेरे पास आओ।

कोमा : पाषाणी! हाँ, राजा! पाषाणी के भीतर भी कितने मधुर स्रोत बहते रहते हैं। उनमें मदिरा नहीं, शीतल जल की धारा बहती है। प्यासों की तृप्ति...

शकराज : किन्तु मुझे तो इस समय स्फूर्ति के लिए एक प्याला मदिरा ही चाहिए :

कोमा : (स्थिर दृष्टि से देखती हुई) मैं ले आती हूँ। आप बैठिए।

(कोमा एक छोटा-सा मंच रख देती है और चली जाती है। शकराज मंच पर बैठ जाता है। खिंगल का प्रवेश)

शकराज : कहो जी, क्या समाचार है?

खिंगल : महाराज! मैंने उन्हें अच्छी तरह समझा दिया कि हम लोगों का अवरोध दृढ़ है। उन्हें दो में से एक करना ही होगा। या तो अपने प्राण दें अन्यथा मेरे सन्धि के नियमों को स्वीकार करें।

शकराज : (उत्सुकता से) तो वे समझ गए?

खिंगल : दूसरा उपाय ही क्या था! यह छोकड़ा रामगुप्त, समुद्रगुप्त की तरह दिग्विजय करने निकला था। उसे इन बीहड़ पहाड़ी घाटियों का परिचय नहीं मिला था। किन्तु सब बातों को समझकर

वह अपने नियमों को मानने के लिए बाध्य हुआ।

शकराज : (प्रसन्नता से उठकर दोनों हाथ पकड़ लेता है) ऐं! तुम सच कहते हो? मुझे आशा नहीं। क्या मेरा दूसरा प्रस्ताव भी रामगुप्त ने मान लिया?

(स्वर्ण के कलश में मदिरा लेकर कोमा चुपके से आकर पीछे खड़ी हो जाती है।)

खिंगल : हाँ महाराज! उसने माँगे हुए सब उपहारों को देना स्वीकार किया और ध्रुवस्वामिनी भी आपकी सेवा में शीघ्र ही उपस्थित होती है।

(कोमा चौंक उठती है और शकराज प्रसन्नता से खिंगल के हाथों को झकझोरने लगता है)

शकराज : खिंगल! तुमने कितना सुंदर समाचार सुनाया! आज देव-पुत्रों की स्वर्गीय आत्माएँ प्रसन्न होंगी। उनकी पराजयों का यह प्रतिशोध है। हम लोग गुप्तों की दृष्टि में जंगली, बर्बर और असभ्य हैं तो फिर मेरी प्रतिहिंसा ही बर्बरता के भी अनुकूल होगी। हाँ, मैंने अपने शूर-सामन्तों के लिए भी स्त्रियाँ माँगी थीं।

खिंगल : वे भी साथ ही आएँगी।

शकराज : तो फिर सोने की झाँझवाली नाच का प्रबन्ध करो। इस विजय का उत्सव मनाया जाय और मेरे सामन्तों का भी शीघ्र बुला लाओ।

(खिंगल का प्रस्थान। शकराज अपनी प्रसन्नता में उद्विग्न-सा इधर-उधर टहलने लगता है और कोमा अपना कलश लिए हुए धीरे-धीरे सिंहासन के पास जाकर खड़ी हो जाती है। चार सामन्तों का प्रवेश। दूसरी ओर से नर्तकियों का दल आता है। शकराज उनकी ओर ही देखता हुआ सिंहासन पर बैठ जाता है। सामन्त लोग उसके पैरों के नीचे सीढ़ियों पर बैठते हैं। नर्तकियाँ नाचती हुई गाती हैं)

गाना :

अस्ताचल पर युवती सन्ध्या की खुली अलक घुँघराली है।
लो, मानिक मदिरा की धारा अब बहने लगी निराली है।
भरी ली पहाड़ियों ने अपनी झीलों की रत्नमयी प्याली।
झुक चली चूमने बल्लरियों से लिपटी तरु की डाली है।
यह लगा पिघलने मानिनियों का हृदय मृदु-प्रणय-रोष भरा।
वे हँसती हुई दुलार-भरी मधु लहर उठाने वाली है।
भरने निकले हैं प्यार भरे जोड़े कुंजों की झुरमुट से।
इस मधुर अँधेरी में अब तक क्या इनकी प्याली खाली है।
भर उठीं प्यालियाँ, सुमनों ने सौरभ मकरन्द मिलाया है।
कामिनियों ने अनुराग-भरे अधरों से उन्हें लगा ली है।
वसुधा मदमाती हुई उधर आकाश लगा देखो झुकने।
सब झूम रहे अपने सुख में तूने क्यों बाधा डाली है।

(नर्तकियाँ जाने लगती हैं)

एक सामन्त : श्रीमान्! इतनी बड़ी विजय के अवसर पर इस सूखे उत्सव से सन्तोष नहीं होता, जबकि कलश सामने भरा हुआ रखा है।

शकराज : ठीक है, इन लोगों को केवल कहकर ही नहीं, प्यालियाँ भरकर भी देनी चाहिए।

(सब पीते हैं और नर्तकियाँ एक-एक को सानुरोध पान कराती हैं)

दूसरा सामन्त : श्रीमान् की आज्ञा मानने के अतिरिक्त दूसरी गति नहीं। उन्होंने समझ से काम

लिया, नहीं तो हम लोगों को इस रात की कालिमा में रक्त की लाली मिलानी पड़ती।

तीसरा सामन्त : क्यों बक-बक करते हो? चुपचाप इस बिना परिश्रम की विजय का आनन्द लो। लड़ना पड़ता तो सारी हेकड़ी भूल जाती।

दूसरा सामन्त : (क्रोध से लड़खड़ाता हुआ उठता है) हमसे!

तीसरा सामन्त : हाँ जी, तुमसे!

दूसरा सामन्त : तो फिर आओ, तुम्हीं से निपट लें। **(सब परस्पर लड़ने की चेष्टा कर रहे हैं। शकराज खिंगल को संकेत करता है। वह उन लोगों को बाहर लिवा जाता है। तूर्यनाद)**

शकराज : रात्रि के आगमन की सूचना हो गई। दुर्ग का द्वार अब शीघ्र ही बन्द होगा। अब तो हृदय अधीर हो रहा है। खिंगल!

(खिंगल का पुनः प्रवेश)

खिंगल : दुर्ग-तोरण में शिविकाएँ आ गई हैं।

शकराज : (गर्व से) तब विलम्ब क्यों? उन्हें अभी ले आओ।

खिंगल : (सविनय) किन्तु रानी की एक प्रार्थना है।

शकराज : क्या?

खिंगल : वह पहले केवल श्रीमान् से ही सीधे भेंट करना चाहती हैं। उसकी मर्यादा...

शकराज : (ठठाकर हँसते हुए) क्या कहा मर्यादा! भाग्य ने झुकने के लिए जिन्हें विवश कर दिया है, उन लोगों के मन में मर्यादा का ध्यान और भी अधिक रहता है। यह उनकी दयनीय दशा है।

खिंगल : वह श्रीमान् की रानी होने के लिए आ रही हैं।

शकराज : (हँसकर) अच्छा, तुम मध्यस्थ हो न! तुम्हारी बात मानकर मैं उससे एकान्त में ही भेंट करूँगा! जाओ।

(खिंगल का प्रस्थान)

कोमा : महाराज! मुझे क्या आज्ञा है

शकराज : (चौंककर) अरे, तुम अभी यहीं खड़ी हो? मैं तो जैसे भूल ही गया था। हृदय चंचल हो रहा है। मेरे समीप आओ, कोमा!

कोमा : नयी रानी के आगमन की प्रसन्नता से

शकराज : (सँभलकर) नई रानी का आना क्या तुम्हें अच्छा नहीं लगा, कोमा?

कोमा : (निर्विकार भाव से) संसार में बहुत-सी बातें बिना अच्छी हुए भी अच्छी लगती हैं, और बहुत-सी अच्छी बातें बुरी मालूम पड़ती हैं।

शकराज : (झुँझलाकर) तुम तो आचार्य मिहिरदेव की तरह दार्शनिकों की-सी बातें कर रही हो।

कोमा : वे मेरे पिता-तुल्य हैं, उन्हीं की शिक्षा में मैं पली हूँ। हाँ, ठीक है, जो बातें राजा को अच्छी लगें, वे ही मुझे भी रुचनी ही चाहिएँ।

शकराज : (अव्यवस्थित होकर) अच्छा, तुम इतनी अनुभूतिमयी हो, यह मैं आज जान सका।

कोमा : राजा, तुम्हारी स्नेह-सूचनाओं की सहज प्रसन्नता और मधुर अलापों ने जिस दिन मन के नीरस और नीरव शून्य में संगीत की, वसन्त की और मकरन्द की सृष्टि की थी, उसी दिन से मैं

अनुभूतिमयी बन गयी हूँ। क्या वह मेरा भ्रम था? कह दो - कह दो कि वह तेरी भूल थी।

(उत्तेजित कोमा सिर उठाकर राजा से आँख मिलाती है)

शकराज : (संकोच से) नहीं कोमा, वह भ्रम नहीं था। मैं सचमुच तुम्हें प्यार करता हूँ।

कोमा : (उसी तरह) तब भी यह बात?

शकराज : (सशंक) कौन-सी बात?

कोमा : वही, जो आज होने जा रही है! मेरे राजा! आज तुम एक स्त्री को अपने पति से विच्छिन्न कराकर अपने गर्व की तृप्ति के लिए कैसा अनर्थ कर रहे हो?

शकराज : (बात उड़ाते हुए, हँसकर) पागल कोमा! वह मेरी राजनीति का प्रतिशोध है।

कोमा : (दृढ़ता से) किन्तु राजनीति का प्रतिशोध क्या एक नारी को कुचले बिना नहीं हो सकता?

शकराज : जो विषय न समझ में आवे, उस पर विवाद न करो।

कोमा : (खिन्न होकर) मैं क्यों न करूँ? (ठहरकर) किन्तु नहीं, मुझे विवाद करने का अधिकार नहीं। यह मैं समझ गयी।

(वह दुःखी होकर जाना चाहती है कि दूसरी ओर से मिहिरदेव का प्रवेश।

शकराज : (सम्भ्रम से खड़ा होकर) धर्मपूज्य! मैं वन्दना करता हूँ।

मिहिरदेव : कल्याण हो! (कोमा के सिर पर हाथ रखकर) बेटी! मैं तो तुमको ही देखने चला आया। तू उदास क्यों है

(शकराज की ओर मूक दृष्टि से देखने लगता है)

शकराज : आचार्य! रामगुप्त का दर्प दलन करने के लिए मैंने ध्रुवस्वामिनी को उपहार में भेजने की आज्ञा उसे दी थी। आज रामगुप्त की रानी मेरे दुर्ग में आई है। कोमा को इसमें आपत्ति है।

मिहिरदेव : (गम्भीरता से) ऐसे काम में तो आपत्ति होनी ही चाहिए, राजा! स्त्री का सम्मान नष्ट करके तुम जो भयानक अपराध करोगे, उसका फल क्या अच्छा होगा? और भी, यह अपनी भावी पत्नी के प्रति तुम्हारा अत्याचार होगा।

शकराज : (क्षोभ से) भावी पत्नी?

मिहिरदेव : अरे, क्या तुम इस क्षणिक सफलता से प्रमत्त हो जाओगे? क्या तुमने अपने आचार्य की प्रतिपालिता कुमारी के साथ स्नेह का सम्बन्ध नहीं स्थापित किया है? क्या इसमें भी सन्देह है? राजा! स्त्रियों का स्नेह-विश्वास भंग कर देना, कोमल तन्तु को तोड़ने से भी सहज है; परन्तु सावधान होकर उसके परिणाम को भी सोच लो।

शकराज : मैं समझता हूँ कि आप मेरे राजनीतिक कामों में हस्तक्षेप न करें तो अच्छा हो।

मिहिरदेव : राजनीति! राजनीति ही मनुष्यों के लिए सब कुछ नहीं है। राजनीति के पीछे नीति से भी हाथ न धो बैठो, जिसका विश्व मानव के साथ व्यापक सम्बन्ध है। राजनीति की साधारण छलनाओं से सफलता प्राप्त करके क्षण-भर के लिए तुम अपने को चतुर समझने की भूल कर सकते हो, परन्तु इस भीषण संसार में एक प्रेम करने वाले हृदय को खो देना, सबसे बड़ी हानि है शकराज! दो प्यार करने वाले हृदयों के बीच में स्वर्गीय ज्योति का निवास है।

शकराज : बस, बहुत हो चुका। आपके महत्त्व की भी कोई सीमा होगी। अब आप यहाँ से नहीं जाते हैं, तो मैं ही चला जाता हूँ।

(प्रस्थान)

मिहिरदेव : चल कोमा! हम लोगों को लताओं, वृक्षों और चट्टानों से छाया और सहानुभूति मिलेगी। इस दुर्ग से बाहर चल।

कोमा : (गद्गद् कण्ठ से) पिता जी! **(खड़ी रहती है)**

मिहिरदेव : बेटी! हृदय को सँभाल। कष्ट सहन करने के लिए प्रस्तुत हो जा। प्रतारणा में बड़ा मोह होता है। उसे छोड़ने को मन नहीं करता। कोमा! छल का बहिरंग सुन्दर होता है : विनीत और आकर्षक भी; पर दुखदायी और हृदय को बेधने के लिए इस बन्धन को तोड़ डाल।

कोमा : (सकरुण) तोड़ डालूँ पिता जी! मैंने जिसे अपने आँसुओं से सींचा, वही दुलारभरी वल्लरी, मेरे आँख बन्द कर चलने में मेरे ही पैरों से उलझ गई है। दे दूँ एक झटका - उसकी हरी-हरी पत्तियाँ कुचल जाएँ और वह छिन्न होकर धूल में लोटने लगे? न, ऐसी कठोर आज्ञा न दो।

मिहिरदेव : (निःश्वास लेकर आकाश को देखते हुए) यहाँ तेरी भलाई होती, तो मैं चलने के लिए न कहता। हम लोग अखरोट की छाया में बैठेंगे - झरनों के किनारे, दाख के कुंजों में विश्राम करेंगे। जब नीले आकाश में मेघों के टुकड़े, मानसरोवर जाने वाले हंसों का अभिनय करेंगे, तब तू अपनी तकली पर ऊन कातती हुई कहानी कहेगी और मैं सुनूँगा।

कोमा : तो चलूँ! **(एक बार चारों ओर देखकर)** एक घड़ी के लिए मुझे...

मिहिरदेव : (ऊबकर आकाश की ओर देखता हुआ) तू नहीं मानती। वह देख, नील लोहित रंग का धूमकेतु अविचल भाव से इस दुर्ग की ओर कैसा भयानक संकेत कर रहा है।

कोमा : (उधर देखते हुए) तब एक क्षण मुझे...

मिहिरदेव : पागल लड़की! अच्छा, मैं फिर आऊँगा। तू सोच ले, विचार कर ले **(जाता है)**।

कोमा : जाना ही होगा! तब यह मन की उलझन क्यों? अमंगल का अभिशाप अपनी क्रूर हँसी से इस दुर्ग को कँपा देगा, और सुख के स्वप्न विलीन हो जाएँगे। मेरे यहाँ रहने से उन्हें अपने भावों को छिपाने के लिए बनावटी व्यवहार करना होगा; पग-पग पर अपमानित होकर मेरा हृदय उसे सह न सकेगा। तो चलूँ! यही ठीक है! पिताजी! ठहरिए, मैं आती हूँ।

शकराज : (प्रवेश करके) कोमा!

कोमा : जाती हूँ, राजा!

शकराज : (भयभीत होकर उसे देखता हुआ) ओह! भयावनी पूँछ वाला धूमकेतु! आकाश का उच्छृङ्खल पर्यटक! नक्षत्र लोक का अभिशाप! कोमा! आचार्य को बुलाओ। वे जो आदेश देंगे वही मैं करूँगा। इस अमंगल की शान्ति होनी चाहिए।

कोमा : वे बहुत चिढ़ गए हैं। अब उनको प्रसन्न करना सहज नहीं है। वे मुझे अपने साथ लिवा जाने के लिए मेरी प्रतीक्षा करते होंगे।

शकराज : कोमा! पिताजी के साथ...।

कोमा : पिताजी के साथ।

शकराज : और मेरा प्यार, मेरा स्नेह, सब भुला दोगी? इस अमंगल की शान्ति करने के लिए आचार्य को न समझाओगी?

कोमा : (खिन्न होकर) प्रेम का नाम न लो। वह एक पीड़ा थी जो छूट गई। उसकी कसक भी धीरे-धीरे दूर हो जाएगी। राजा, मैं तुम्हें प्यार नहीं करती। मैं तो दर्प से दीप्त तुम्हारी महत्त्वमयी पुरुष-मूर्ति की पुजारिन थी, जिसमें पृथ्वी पर अपने पैरों से खड़े रहने की दृढ़ता थी। इस स्वार्थ-मलिन कलुष से भरी मूर्ति से मेरा परिचय नहीं। अपने तेज की अग्नि में जो सब कुछ भस्म कर सकता हो,

उसे दृढ़ता का आकाश के नक्षत्र कुछ बना-बिगाड़ नहीं सकते। तुम आशंका मात्र से दुर्बल-कम्पित और भयभीत हो।

शकराज : (धूमकेतु को बार-बार देखता हुआ) भयानक! कोमा, मुझे बचाओ!

कोमा : जाती हूँ महाराज! पिताजी मेरी प्रतीक्षा करते होंगे।

(जाती है। शकराज अपने सिंहासन पर हताश होकर बैठ जाता है।)

प्रहरी : (प्रवेश करके) महाराज! ध्रुवस्वामिनी ने पूछा है कि एकान्त हो तो आऊँ।

शकराज : हाँ, कह दो कि यहाँ एकान्त है। और देखो, यहाँ दूसरा कोई न आने पावे।

(प्रहरी जाता है। शकराज चंचल होकर टहलने लगता है। धूमकेतु की ओर दृष्टि जाती है तो भयभीत होकर बैठ जाता है।)

शकराज : तो इसका कोई उपाय नहीं? न जाने क्यों मेरा हृदय घबरा रहा है। कोमा को समझा-बुझाकर ले आना चाहिए। **(सोचकर)** किन्तु इधर ध्रुवस्वामिनी जो आ रही है! तो भी देखूँ यदि कोमा प्रसन्न हो जाय... **(जाता है)।**

(स्त्री-वेश में चन्द्रगुप्त आगे और पीछे ध्रुवस्वामिनी स्वर्ण-खचित उत्तरीय में सब अंग छिपाए हुए आती है। केवल खुले हुए मुँह पर प्रसन्न चेष्टा दिखाई देती है।)

चन्द्रगुप्त : तुम आज कितनी प्रसन्न हो!

ध्रुवस्वामिनी : और तुम क्या नहीं?

चन्द्रगुप्त : मेरे जीवन-निशीथ का ध्रुव-नक्षत्र इस घोर अन्धकार में अपनी स्थिर उज्ज्वलता से चमक रहा है। आज महोत्सव है न?

ध्रुवस्वामिनी : लौट जाओ, इस तुच्छ नारी-जीवन के लिए इतने महान् उत्सर्ग की आवश्यकता नहीं।

चन्द्रगुप्त : देवि! यह तुम्हारा क्षणिक मोह है। मेरी परीक्षा न लो। मेरे शरीर ने चाहे जो रूप धारण किया हो, किन्तु हृदय निश्छल है।

ध्रुवस्वामिनी : अपनी कामना की वस्तु न पाकर यह आत्महत्या-जैसा प्रसंग तो नहीं है।

चन्द्रगुप्त : तीखे वचनों से मर्माहत करके भी आज कोई मुझे इस मृत्यु-पक्ष से विमुख नहीं कर सकता। मैं केवल अपना कर्त्तव्य करूँ, इसी में मुझे सुख है। **(ध्रुवस्वामिनी संकेत करती है। शकराज का प्रवेश। दोनों चुप हो जाते हैं। वह दोनों को चकित होकर देखता है।)**

शकराज : मैं किसको रानी समझूँ? रूप का ऐसा तीव्र आलोक!... नहीं, मैंने कभी नहीं देखा था। इसमें कौन ध्रुवस्वामिनी है?

ध्रुवस्वामिनी : यह मैं आ गई हूँ।

चन्द्रगुप्त : (हँसकर) शकराज को तुम धोखा नहीं दे सकती हो। ध्रुवस्वामिनी कौन है? यह एक अन्धा भी बता सकता है।

ध्रुवस्वामिनी : (आश्चर्य से) चन्द्रे! तुमको क्या हो गया है? यहाँ आने पर तुम्हारी इच्छा रानी बनने की हो गई है? या मुझे शकराज से बचा लेने के लिए यह तुम्हारी स्वामिभक्ति है?

(शकराज चकित होकर दोनों की ओर देखता है)

चन्द्रगुप्त : कौन जाने तुम्हीं ऐसा कर रही हो?

ध्रुवस्वामिनी : चन्द्रे! तुम मुझे दोनों ओर से नष्ट न करो। यहाँ से लौट जाने पर भी क्या मैं गुप्तकुल के अन्तःपुर में रह पाऊँगी?

चन्द्रगुप्त : चन्द्रे कहकर मुझको पुकारने से क्या तात्पर्य है? यह अच्छा झगड़ा तुमने फैलाया। इसीलिए मैंने एकान्त में मिलने की प्रार्थना की थी।

ध्रुवस्वामिनी : तो क्या मैं यहाँ भी छली जाऊँगी

शकराज : ठहरो, **(दोनों को ध्यान से देखता हुआ)** क्या चिन्ता यदि मैं दोनों को ही रानी समझ लूँ

ध्रुवस्वामिनी : ऐं...

चन्द्रगुप्त : हैं...

शकराज : क्यों, इसमें क्या बुरी बात है

चन्द्रगुप्त : जी नहीं, यह नहीं हो सकता। ध्रुवस्वामिनी कौन है, पहले इसका निर्णय होना चाहिए।

ध्रुवस्वामिनी : (क्रोध से) चन्द्रे! मेरे भाग्य के आकाश में धूमकेतु-सी अपनी गति बन्द करो।

शकराज : **(धूमकेतु की ओर देखकर भयभीत-सा)** ओह भयानक!

(व्यग्र भाव से टहलने लगता है।)

चन्द्रगुप्त : **(शकराज की पीठ पर हाथ रखकर)** सुनिए...

ध्रुवस्वामिनी : चन्द्रे!

चन्द्रगुप्त : इस धमकी से कोई लाभ नहीं।

ध्रुवस्वामिनी : तो फिर मेरा और तुम्हारा जीवन-मरण साथ ही होगा।

चन्द्रगुप्त : तो डरता कौन है? **(दोनों ही शीघ्र कटार निकाल लेते हैं)**

शकराज : **(घबराकर)** हैं, यह क्या तुम लोग क्या कर रहे हो? ठहरो आचार्य ने ठीक कहा है, आज शुभ मुहूर्त नहीं। मैं कल विश्वसनीय व्यक्ति को बुलाकर इसका निश्चय कर लूँगा। आज तुम लोग विश्राम करो।

ध्रुवस्वामिनी : नहीं, इसका निश्चय तो आज ही होना चाहिए।

शकराज : **(बीच में खड़ा होकर)** मैं कहता हूँ न।

चन्द्रगुप्त : वाह रे कहने वाले!

(ध्रुवस्वामिनी मानो चन्द्रगुप्त के आक्रमण से भयभीत होकर पीछे हटती है और तूर्यनाद करती है। शकराज आश्चर्य से उसे सुनता हुआ सहसा घूमकर चन्द्रगुप्त का हाथ पकड़ लेता है। ध्रुवस्वामिनी झटके से चन्द्रगुप्त का उत्तरीय खींच लेती है और चन्द्रगुप्त हाथ छुड़ाकर शकराज को घेर लेता है)

शकराज : **(चकित-सा)** ऐं, यह तुम कौन प्रवंचक?

चन्द्रगुप्त : मैं हूँ चन्द्रगुप्त, तुम्हारा काल। मैं अकेला आया हूँ, तुम्हारी वीरता की परीक्षा लेने। सावधान!

**(शकराज भी कटार निकालकर युद्ध के लिए अग्रसर होता है। युद्ध और शकराज की मृत्यु। बाहर दुर्ग में कोलाहल। 'ध्रुवस्वामिनी की जय' का हल्ला मचाते हुए रक्तारक्त कलेवर सामन्त-कुमारों का प्रवेश। ध्रुवस्वामिनी और चन्द्रगुप्त को घेरकर समवेत स्वर से

'ध्रुवस्वामिनी की जय हो!')

(पटाक्षेप)

तृतीय अंक

(शक-दुर्ग के भीतर एक प्रकोष्ठ। तीन मंचों में दो खाली और एक पर ध्रुवस्वामिनी पादपीठ के ऊपर बाएँ पैर पर दाहिना पैर रखकर अधरों से उँगली लगाए चिन्ता में निमग्न बैठी है। बाहर कुछ कोलाहल होता है।)

सैनिक : **(प्रवेश करके)** महादेवी की जय हो!

ध्रुवस्वामिनी : **(चौंककर)** क्या!

सैनिक : विजय का समाचार सुनकर राजाधिराज भी दुर्ग में आ गए हैं। अभी तो वे सैनिकों से बातें कर रहे हैं। उन्होंने पूछा है, महादेवी कहाँ हैं? आपकी जैसी आज्ञा हो, क्योंकि कुमार ने कहा है... !

ध्रुवस्वामिनी : क्या कहा है? यही न कि मुझसे पूछकर राजा यहाँ आने पावें? ठीक है, अभी मैं बहुत थकी हूँ। **(सैनिक जाने लगता है, उसे रोककर)** और सुनो तो! तुमने यह नहीं बताया कि कुमार के घाव अब कैसे हैं?

सैनिक : घाव चिन्ताजनक नहीं हैं। उन पर पट्टियाँ बँध चुकी हैं। कुमार प्रधान-मंडप में विश्राम कर रहे हैं।

ध्रुवस्वामिनी : अच्छा जाओ। **(सैनिक का प्रस्थान)**

मन्दाकिनी : **(सहसा प्रवेश करके)** भाभी! बधाई है। **(जैसे भूलकर गई हो)** नहीं, नहीं! महादेवी, क्षमा कीजिए।

ध्रुवस्वामिनी : मन्दा! भूल से ही तुमने आज एक प्यारी बात कह दी। उसे क्या लौटा लेना चाहती हो? आह! यदि वह सत्य होती?

(पुरोहित का प्रवेश)

मन्दाकिनी : क्या इसमें भी सन्देह है?

ध्रुवस्वामिनी : मुझे तो सन्देह का इन्द्रजाल ही दिखाई पड़ रहा है। मैं न तो महादेवी हूँ और न तुम्हारी भाभी **(पुरोहित को देखकर चुप हो जाती है)**।

पुरोहित : **(आश्चर्य से इधर-उधर देखता हुआ)** तब मैं क्या करूँ?

मन्दाकिनी : क्यों, आपको कुछ कहना है क्या?

पुरोहित : ऐसे उपद्रवों के बाद शान्तिकर्म होना आवश्यक है। इसीलिए मैं स्वस्त्ययन करने आया था; किन्तु आप तो कहती हैं कि मैं महादेवी ही नहीं हूँ।

ध्रुवस्वामिनी : **(तीखे स्वर में)** पुरोहित जी! मैं राजनीति नहीं जानती; किन्तु इतना समझती हूँ कि जो रानी शत्रु के लिए उपहार में भेज दी जाती है, वह महादेवी की उच्च पदवी से पहले ही वंचित हो गई होगी।

मन्दाकिनी : किन्तु आप तो भाभी होना भी अस्वीकार करती हैं।

ध्रुवस्वामिनी : भाभी कहने का तुम्हें रोग हो तो कह लो। क्योंकि इन्हीं पुरोहितजी ने उस दिन कुछ मन्त्रों को पढ़ा था। उस दिन के बाद मुझे कभी राजा से सरल सम्भाषण करने का अवसर ही न मिला। हाँ, न जाने मेरे किस अपराध पर सन्दिग्ध-चित्त होकर उन्होंने जब मुझे निर्वासित किया, तभी मैंने अपने स्त्री होने के अधिकार की रक्षा की भीख माँगी थी। वह भी न मिली और में बलि-पशु की तरह, अकरुण आज्ञा की डोरी में बँधी हुई शकदुर्ग में भेज दी गई। तब भी तुम मुझे भाभी कहना चाहती हो?

मन्दाकिनी : (सिर झुकाकर) यह गर्हित और ग्लानि-जनक प्रसंग है।

पुरोहित : यह मैं क्या सुन रहा हूँ? मुझे तो यह जानकर प्रसन्नता हुई थी कि वीर रमणी की तरह अपने साहस के बल पर महादेवी ने इस दुर्ग पर अपना अधिकार किया है।

ध्रुवस्वामिनी : आप झूठ बोलते हैं।

पुरोहित : (आश्चर्य से) मैं और झूठ!

ध्रुवस्वामिनी : हाँ; आप और झूठ, नहीं, स्वयं आप ही मिथ्या है।

पुरोहित : (हँसकर) क्या आप वेदान्त की बात कहती हैं? तब तो संसार मिथ्या है ही।

ध्रुवस्वामिनी : (क्रोध से) संसार मिथ्या है या नहीं, यह तो मैं नहीं जानती, परन्तु आप, आपका कर्मकाण्ड और आपके शास्त्र क्या सत्य हैं, जो सदैव रक्षणीया स्त्री की यह दुर्दशा हो रही है?

पुरोहित : (मन्दाकिनी से) बेटी! तुम्ही बताओ, यह मेरा भ्रम है या महादेवी का रोष!

ध्रुवस्वामिनी : रोष है, हाँ, में रोष से जली जा रही हूँ। इतना बड़ा उपहास - धर्म के नाम पर स्त्री-आज्ञाकारिता की यह पैशाचिक परीक्षा मुझसे बलपूर्वक ली गई है। पुरोहित! तुमने जो मेरा राक्षस-विवाह कराया है, उसका उत्सव भी कितना सुन्दर है! यह जन संहार देखो, अभी उस प्रकोष्ठ में रक्त सनी हुई शकराज की लोथ पड़ी होगी। कितने ही सैनिक दम तोड़ते होंगे, और इस रक्तधारा में तिरती हुई मैं राक्षसी-सी साँस ले रही हूँ। तुम्हारा स्वस्त्ययन मुझे शान्ति देगा?

मन्दाकिनी : आर्य! आप बोलते क्यों नहीं? आप धर्म के नियामक हैं। जिन स्त्रियों को धर्म-बन्धन में बाँधकर, उनकी सम्मति के बिना आप उनका सब अधिकार छीन लेते हैं, तब क्या धर्म के पास कोई प्रतिकार - कोई रारक्षण नहीं रख छोड़ते, जिरारो वे रित्रयाँ अपनी आपत्ति गें अवलंब गाँग राकें? क्या भविष्य के सहयोग की कोरी कल्पना से उन्हें आप सन्तुष्ट रहने की आज्ञा देकर विश्राम ले लेते हैं?

पुरोहित : नहीं, स्त्री और पुरुष का परस्पर विश्वासपूर्ण अधिकार रक्षा और सहयोग ही तो विवाह कहा जाता है। यदि ऐसा न हो तो धर्म और विवाह खेल है।

ध्रुवस्वामिनी : खेल हो या न हो, किन्तु एक क्लीव पति के द्वारा परित्यक्ता नारी का मृत्युमुख में जाना ही मंगल है। उसे स्वस्त्ययन और शान्ति की आवश्यकता नहीं।

पुरोहित : (आश्चर्य से) यह मैं क्या सुन रहा हूँ? विश्वास नहीं होता। यदि ये बातें सत्य हैं, तब तो मुझे फिर से एक बार धर्मशास्त्र को देखना पड़ेगा। (प्रस्थान)

(मिहिरदेव के साथ कोमा का प्रवेश)

ध्रुवस्वामिनी : तुम लोग कौन हो?

कोमा : मैं पराजित शक-जाति की एक बालिका हूँ।

ध्रुवस्वामिनी : और...

कोमा : और मैंने प्रेम किया था।

ध्रुवस्वामिनी : इस घोर अपराध का तुम्हें क्या दंड मिला?

कोमा : वही, जो स्त्रियों का प्रायः मिला करता है-निराशा! निष्पीड़न! और उपहास!! रानी, मैं तुमसे भीख माँगने आई हूँ।

ध्रुवस्वामिनी : शत्रुओं के लिए मेरे पास कुछ नहीं है। अधिक हठ करने पर दण्ड मिलना भी असम्भव नहीं।

मिहिरदेव : (दीर्घ निःश्वास लेकर) पागल लड़की, हो चुका न? अब भी तू न चलेगी?

(कोमा सिर झुका लेती है)

मन्दाकिनी : तुम चाहती क्या हो?

कोमा : रानी, तुम भी स्त्री हो। क्या स्त्री का व्यथा न समझोगी? आज तुम्हारी विजय का अन्धकार तुम्हारे शाश्वत स्त्रीत्व को ढँक ले, किन्तु सबके जीवन में एक बार प्रेम की दीपावली जलती है। जली होगी अवश्य। तुम्हारे भी जीवन में वह आलोक का महोत्सव आया होगा, जिसमें हृदय, हृदय को पहचानने का प्रयत्न करता है, उदार बनता है और सर्वस्व दान करने का उत्साह रखता है। मुझे शकराज का शव चाहिए।

ध्रुवस्वामिनी : (सोचकर) जलो, प्रेम के नाम पर जलना चाहती हो तो तुम उस शव को ले जाकर जलो, जीवित रहने पर मालूम होता है कि तुम्हें अधिक शीतलता मिल चुकी है। अवश्य तुम्हारा जीवन धन्य है। **(सैनिक से)** इसे ले जाने दो।

(कोमा का प्रस्थान)

मन्दाकिनी : स्त्रियों के इस बलिदान का भी कोई मूल्य नहीं। कितनी असहाय दशा है। अपने निर्बल और अवलम्बन खोजने वाले हाथों से यह पुरुषों के चरणों को पकड़ती हैं और वह सदैव ही इनको तिरस्कार, घृणा और दुर्दशा की भिक्षा से उपकृत करता है। तब भी यह बावली मानती है

ध्रुवस्वामिनी : भूल है - भ्रम है। **(ठहरकर)** किन्तु उसका कारण भी है। पराधीनता की एक परम्परा-सी उनकी नस-नस में - उनकी चेतना में न जाने किस युग से घुस गई है। उन्हें समझकर भी भूल करनी पड़ती है। क्या वह मेरी भूल न थी - जब मुझे निर्वासित किया गया, तब मैं अपनी आत्म-मर्यादा के लिए कितनी तड़प रही थी और राजाधिराज रामगुप्त के चरणों में रक्षा के लिए गिरी, पर कोई उपाय चला नहीं। पुरुषों की प्रभुता का जाल मुझे अपने निर्दिष्ट पथ पर ले ही आया। मन्दा! दुर्ग की विजय मेरी सफलता है या मेरा दुर्भाग्य, इसे मैं नहीं समझ सकी हूँ। राजा से मैं सामना करना नहीं चाहती। पृथ्वीतल से जैसे एक साकार घृणा निकलकर मुझे अपने पीछे लौट चलने का संकेत कर रही है। क्यों, क्या यह मेरे मन का कलुष है? क्या मैं मानसिक पाप कर रही हूँ?

(उन्मत्त भाव से प्रस्थान)

मन्दाकिनी : नारी हृदय, जिसके मध्य-विन्द से हटकर, शास्त्र का एक मन्त्र, कील की तरह गड़ गया है और उसे अपने सरल प्रवर्तन-चक्र में घूमने से रोक रहा है, निश्चय ही वह कुमार चन्द्रगुप्त की अनुरागिनी है।

चन्द्रगुप्त : (सहसा प्रवेश करके) कौन? मन्दा!

मन्दाकिनी : अरे कुमार! अभी थोड़ा विश्राम करते।

चन्द्रगुप्त : (बैठते हुए) विश्राम! मुझे कहाँ विश्राम? मैं अभी यहाँ से प्रस्थान करने वाला हूँ। मेरा कर्तव्य पूर्ण हो चुका। अब यहाँ मेरा ठहरना अच्छा नहीं।

मन्दाकिनी : किन्तु भाभी की जो बुरी दशा है।

चन्द्रगुप्त : क्यों, उन्हें क्या हुआ? **(मन्दाकिनी चुप रहती है)** बोलो, मुझे अवकाश नहीं! राजाधिराज का सामना होते ही क्या हो जाएगा - मैं नहीं कह सकता। क्योंकि अब यह राजनीतिक छल-प्रपंच मैं नहीं सह सकता।

मन्दाकिनी : किन्तु उन्हें इस असहाय अवस्था में छोड़कर आपका जाना क्या उचित होगा और... **(चुप रह जाती है)**

चन्द्रगुप्त : और क्या... वह क्यों नहीं कहती हो?

मन्दाकिनी : तो क्या उसे भी कहना होगा? महादेवी बनने के पहले ध्रुवस्वामिनी का जो मनोभाव था, वह क्या आपसे छिपा है?

चन्द्रगुप्त : किन्तु मन्दाकिनी! उसकी चर्चा करने से क्या लाभ?

मन्दाकिनी : हृदय में नैतिक साहस - वास्तविक प्रेरणा और पौरुष की पुकार एकत्र करके सोचिए तो कुमार, कि अब आपको क्या करना चाहिए **(चन्द्रगुप्त चिन्तित भाव से टहलने लगता है। नेपथ्य में कुछ लोगों के आने-जाने का शब्द और कोलाहल)** देखूँ तो यह क्या है और महादेवी कहाँ गयीं? **(प्रस्थान)**

चन्द्रगुप्त : विधान की स्याही का एक बिन्द गिरकर भाग्य-लिपि पर कालिमा चढ़ा देता है। मैं आज यह स्वीकार करने से भी संकुचित हो रहा हूँ कि ध्रुवस्वामिनी मेरी है। **(ठहरकर)** हाँ, वह मेरी है, उसे मैंने आरम्भ से ही अपनी सम्पूर्ण भावना से प्यार किया है। मेरे हृदय के गहन अन्तस्थल से निकली हुई यह मूक स्वीकृति आज बोल रही है। मैं पुरुष हूँ? नहीं, मैं अपनी आँखों से अपना वैभव और अधिकार दूसरों को अन्याय से छीनते देख रहा हूँ और मेरी वाग्दत्ता पत्नी मेरे ही अनुत्साह से आज मेरी नहीं रही। नहीं, यह शील का कपट, मोह और प्रवंचना है। मैं जो हूँ, वही तो नहीं स्पष्ट रूप से प्रकट कर सका। यह कैसी विडम्बना है! विनय के आवरण में मेरी कायरता अपने को कब तक छिपा सकेगी?

(एक ओर से मन्दाकिनी का प्रवेश)

मन्दाकिनी : शकराज का शव लेकर जाते हुए आचार्य और उसकी कन्या का राजाधिकार के साथी सैनिकों ने वध कर डाला!

ध्रुवस्वामिनी : (दूसरी ओर से प्रवेश करके) ऐं!

(सामन्त-कुमारों का प्रवेश)

सामन्त कुमार : (सब एक साथ ही) स्वामिनी! आपकी आज्ञा के विरुद्ध राजाधिकार ने निरीह शकों का संहार करवा दिया है।

ध्रुवस्वामिनी : फिर आप लोग इतने चंचल क्यों हैं? राजा को आज्ञा देनी चाहिए और प्रजा को नत-मस्तक होकर उसे मानना होगा।

सामन्त कुमार : किन्तु अब वह असह्य है। राजसत्ता के अस्तित्व की घोषणा के लिए इतना भयंकर प्रदर्शन! मैं तो कहूँगा, इस दुर्ग में, आपकी आज्ञा के बिना राजा का आना अन्याय है।

ध्रुवस्वामिनी : मेरे वीर सहायको! मैं तो स्वयं एक परित्यक्ता और हतभागिनी स्त्री हूँ। मुझे तो अपनी स्थिति की कल्पना से भी क्षोभ हो रहा है। मैं क्या कहूँ?

सामन्त-कुमार : मैं सच कहता हूँ, रामगुप्त जैसे राजपद को कलुषित करने वाले के लिए मेरे हृदय में तनिक भी श्रद्धा नहीं। विजय का उत्साह दिखाने यहाँ वे किस मुँह से आऐ, जो हिंसक,

पाखण्डी, क्षीव और क्लीव हैं।

रामगुप्त : (सहसा शिखरस्वामी के साथ प्रवेश करके) क्या कहा? फिर से तो कहना!

सामन्त कुमार : गुप्त-काल के गौरव का कलंक-कालिमा के सागर में निमज्जित करने वाले...!

शिखरस्वामी : (उसे बीच में ही रोककर) चुप रहो! क्या तुम लोग किसी के बहकाने से आवेश में आ गए हो? **(चन्द्रगुप्त की ओर देखकर)** कुमार! यह क्या हो रहा है?

(चन्द्रगुप्त उत्तर देने की चेष्टा करके चुप रह जाता है।)

रामगुप्त : दुर्विनीत, पाखण्डी, पामरो! तुम्हें इस धृष्टता का क्रूर दण्ड भोगना पड़ेगा। **(नेपथ्य की ओर देखकर)** इन विद्रोहियों को वंदी करो।

(रामगुप्त के सैनिक आकर सामन्त-कुमारों को बन्दी बनाते हैं। रामगुप्त का संकेत पाकर सैनिक लोग चन्द्रगुप्त की ओर भी बढ़ते हैं और चन्द्रगुप्त शृंखला में बँध जाता है।)

ध्रुवस्वामिनी : कुमार! मैं कहती हूँ कि तुम प्रतिवाद करो। किस अपराध के लिए यह दण्ड ग्रहण कर रहे हो?

(चन्द्रगुप्त एक दीर्घ निःश्वास लेकर चुप रह जाता है)

रामगुप्त : (हँसकर) कुचक्र करने वाले क्या बोलेंगे?

ध्रुवस्वामिनी : और जो लोग बोल सकते हैं; जो अपनी पवित्रता की दुन्दभी बजाते हैं, वे सब-के-सब साधु होते हैं न? **(चन्द्रगुप्त से)** कुमार! तुम्हारी जिह्वा पर कोई बन्धन नहीं। कहते क्यों नहीं कि मेरा यही अपराध है कि मैंने कोई अपराध नहीं किया?

रामगुप्त : महादेवी!

ध्रुवस्वामिनी : (उसे न सुनते हुए चन्द्रगुप्त से) झटक दो इन लौह-शृंखलाओं को! यह मिथ्या ढोंग कोई नहीं सहेगा। तुम्हारा क्रुद्ध दुर्दैव भी नहीं।

रामगुप्त : (डाँटकर) महादेवी! चुप रहो!

ध्रुवस्वामिनी : (तेजस्विता से) कौन महादेवी! राजा, क्या अब भी मैं महादेवी ही हूँ? जो शकराज की शय्या के लिए क्रीतदासी की तरह भेजी गई हो, वह भी महादेवी! आश्चर्य!

शिखरस्वामी : देवि, इस राजनीतिक चातुरी में जो सफलता...

ध्रुवस्वामिनी : (पैर पटककर) चुप रहो प्रवंचना के पुतले! स्वार्थ से घृणित प्रपंच! चुप रहो।

रामगुप्त : तो तुम महादेवी नहीं हो न?

ध्रुवस्वामिनी : नहीं! मनुष्य की दी हुई मैं उपाधि लौटा देती हूँ।

रामगुप्त : और मेरी सहधर्मिणी?

ध्रुवस्वामिनी : धर्म ही इसका निर्णय करेगा।

रामगुप्त : ऐं, क्या इसमें भी सन्देह!

ध्रुवस्वामिनी : उसे अपने हृदय से पूछिए कि क्या मैं वास्तव में सहधर्मिणी हूँ?

(पुरोहित का प्रवेश। सामने सबको देखकर चौंक उठता है। शिखरस्वामी चले जाने का सङ्केत करता है।)

पुरोहित : नहीं, मैं नहीं जाऊँगा। प्राणि-मात्र के अन्तस्थल में जाग्रत रहने वाले महान् विचारक धर्म की आज्ञा मैं न टाल सकूँगा। अभी जो प्रश्न अपनी गम्भीरता में भीषण होकर आप लोगों को

विचलित कर रहा है, मैं ही उसका उत्तर देने का अधिकारी हूँ। विवाह का धर्मशास्त्र से घनिष्ठ सम्बन्ध है।

ध्रुवस्वामिनी : आप सत्यवादी ब्राह्मण हैं। कृपा करके बतलाइए...

शिखरस्वामी : (विनय से उसे रोककर) मैं समझता हूँ कि यह विवाद अधिक बढ़ाने से कोई लाभ नहीं!

ध्रुवस्वामिनी : नहीं, मेरी इच्छा इस विवाद का अन्त करने की है। आज यह निर्णय हो जाना चाहिए कि मैं कौन हूँ?

रामगुप्त : ध्रुवस्वामिनी, निर्लज्जता की भी एक सीमा होती है।

ध्रुवस्वामिनी : मेरी निर्लज्जता का दायित्व क्लीव कापुरुष पर है। स्त्री की लज्जा लूटने वाले उस दस्यु के लिए मैं...।

रामगुप्त : (रोककर) चुप रहो! तुम्हारा पर-पुरुष में अनुरक्त हृदय अत्यन्त कलुषित हो गया है। तुम काल-सर्पिणी-सी स्त्री! ओह, तुम्हें धर्म का तनिक भी भय नहीं! शिखर! इस भी वंदी करो।

पुरोहित : ठहरिए! महाराज ठहरिए!! धर्म की ही बात मैं सोच रहा था।

शिखरस्वामी : (क्रोध से) मैं कहता हूँ कि तुम चुप न रहोगे तो तुम्हारी भी यही दशा होगी।

(सैनिक आगे बढ़ता है)

मन्दाकिनी : (उसे रोककर) महाराज, पुरुषार्थ का इतना बड़ा प्रहसन! अबला पर ऐसा अत्याचार!! यह गुप्त-सम्राट् के लिए शोभा नहीं देता।

रामगुप्त : (सैनिकों से) क्या देखते हो जी!

(सैनिक आगे बढ़ता है और चन्द्रगुप्त आवेश में आकर लौह-श्रृंखला तोड़ डालता है। सब आश्चर्य और भय से देखते हैं।)

चन्द्रगुप्त : मैं भी आर्य समुद्रगुप्त का पुत्र हूँ। और शिखरस्वामी, तुम यह अच्छी तरह जानते हो कि मैं ही उनके द्वारा निर्वाचित युवराज भी हूँ। तुम्हारी नीचता अब असह्य है। तुम अपने राजा को लेकर इस दुर्ग से सकुशल बाहर चले जाओ। यहाँ अब मैं ही शकराज के समस्त अधिकारों का स्वामी हूं।

रामगुप्त : (भयभीत होकर चारों ओर देखता हुआ) क्या?

ध्रुवस्वामिनी : (चन्द्रगुप्त से) यही तो कुमार!

चन्द्रगुप्त : (सैनिक से डपटकर) इन सामन्त-कुमारों को मुक्त करो।

(सैनिक वैसा ही करते हैं और शिखरस्वामी के संकेत से रामगुप्त धीरे-धीरे भय से पीछे हटता हुआ बाहर चला जाता है।)

शिखरस्वामी : कुमार! इस कलह को मिटाने के लिए हम लोगों को परिषद् का निर्णय माननीय होना चाहिए। मुझे आपके आधिपत्य से कोई विरोध नहीं है, किन्तु सब काम विधान के अनुकूल होना चाहिए। मैं कुल-वृद्धों को और सामन्तों को, जो यहाँ उपस्थित हैं, लिवा लाने जाता हूँ।

(सैनिक लोग और भी मंच ले आते हैं और सामन्त-कुमार अपने खंगों को खींचकर चन्द्रगुप्त के पीछे खड़े हो जाते हैं। ध्रुवस्वामिनी और चन्द्रगुप्त परस्पर एक-दूसरे को देखते हुए खड़े रहते हैं। परिषद् के साथ रामगुप्त का प्रवेश। सब लोग मंच पर बैठते हैं।)

पुरोहित : कुमार! आसन ग्रहण कीजिए।

चन्द्रगुप्त : मैं अभियुक्त हूँ।

शिखरस्वामी : बीती हुई बातों को भूल जाने में ही भलाई है। भाई-भाई की तरह गले से लगकर गुप्त कुल का गौरव बढ़ाइए।

चन्द्रगुप्त : अमात्य, तुम गौरव किसको कहते हो? वह है कहीं रोग-जर्जर शरीर अलंकारों की सजावट, मलिनता और कलुष की ढेरी पर बाहरी कुमकुम-केसर का लेप गौरव नहीं बढ़ता। कुटिलता की प्रतिमूर्ति, बोलो! मेरी वाग्दत्ता पत्नी और पिता द्वारा दिए हुए मेरे सिंहासन का अपहरण किसके संकेत से हुआ और छल से...।

रामगुप्त : यह उन्मत्त प्रलाप बन्द करो। चन्द्रगुप्त, तुम मेरे भाई ही हो न! मैं तुमको क्षमा करता हूँ।

चन्द्रगुप्त : मैं उसे माँगता नहीं और क्षमा देने का अधिकार भी तुम्हारा नहीं रहा। आज तुम राजा नहीं हो। तुम्हारे पाप प्रायश्चित की पुकार कर रहे हैं। न्यायपूर्ण निर्णय के लिए प्रतीक्षा करो और अभियुक्त बनकर अपने अपराधों को सुनो।

मन्दाकिनी : (**ध्रुवस्वामिनी को आगे खींचकर**) यह है गुप्तकुल की वधू।

रामगुप्त : मन्दा।

मन्दाकिनी : राजा का भय मंदा का गला नहीं घोंट सकता। तुम लोगों को यदि कुछ भी बुद्धि होती, तो इस अपनी कुल-मर्यादा, नारी को शत्रु के दुर्ग में यों न भेजते। भगवान् ने स्त्रियों को उत्पन्न करके ही अधिकारों से वंचित नहीं किया है। किन्तु तुम लोगों की दस्युवृत्ति ने उन्हें लूटा है। इस परिषद् से मेरी प्रार्थना है कि आर्य समुद्रगुप्त का विधान तोड़कर जिन लोगों ने राजकिल्विष किया हो उन्हें दण्ड मिलना चाहिए।

शिखरस्वामी : तुम क्या कह रही हो?

मन्दाकिनी : मैं तुम लोगों की नीचता की गाथा सुन रही हूँ। अनार्य! सुन नहीं सकते? तुम्हारी प्रवंचनाओं ने जिस नरक की सृष्टि की है उनका अन्त समीप है। यह साम्राज्य किसका है? आर्य समुद्रगुप्त ने किसे युवराज बनाया था? चन्द्रगुप्त को या इस क्लीव रामगुप्त को जिसने छल और बल से विवाह करके भी इस नारी को अन्य पुरुष की अनुरागिनी बताकर दण्ड देने के लिए आज्ञा दी है। वही रामगुप्त, जिसने कापुरुषों की तरह इस स्त्री को शत्रु के दुर्ग में बिना विरोध किये भेज दिया था, तुम्हारे गुप्त-सम्राज्य का सम्राट् है। और यह ध्रुवस्वामिनी! जिसे कुछ दिनों तक तुम लोगों ने महादेवी कहकर सम्बोधित किया है, वह क्या है? कौन है? और उसका कैसा अस्तित्व है? कहीं धर्मशास्त्र हो तो उसका मुँह खुलना चाहिए।

पुरोहित : शिखर, मुझे अब भी बोलने दोगे या नहीं? मैं राज्य के सम्बन्ध में कुछ नहीं कहना चाहता। वह तुम्हारी राजनीति जाने। किन्तु इस विवाह के सम्बन्ध में तो मुझे कुछ कहना ही चाहिए।

एक वृद्ध : कहिए देव, आप ही तो धर्मशास्त्र के मुख हैं।

पुरोहित : विवाह की विधि ने देवी ध्रुवस्वामिनी और रामगुप्त को एक भ्रान्तिपूर्ण बन्धन में बाँध दिया है। धर्म का उद्देश्य इस तरह पद दलित नहीं किया जा सकता। माता और पिता के प्रमाण के कारण से धर्म-विवाह केवल परस्पर द्वेष से टूट नहीं सकते; परन्तु यह सम्बन्ध उस प्रमाणों से भी विहीन है। और भी (**रामगुप्त को देखकर**) यह रामगुप्त मृत और प्रव्रजित तो नहीं, पर गौरव से नष्ट, आचरण से पतित और कर्मों से राजकिल्विषी क्लीव है। ऐसी अवस्था में रामगुप्त का ध्रुवस्वामिनी पर कोई अधिकार नहीं।

रामगुप्त : (**खड़ा होकर क्रोध से**) मूर्ख! तुमको मृत्यु का भय नहीं!

पुरोहित : तनिक भी नहीं। ब्राह्मण केवल धर्म से भयभीत है। अन्य किसी भी शक्ति को वह तुच्छ समझता है। तुम्हारे बधिक मुझे धार्मिक सत्य कहने से रोक नहीं सकते। उन्हें बुलाओ, मैं प्रस्तुत हूँ।

मन्दाकिनी : धन्य हो ब्रह्मदेव!

शिखरस्वामी : किन्तु निर्भीक पुरोहित, तुम क्लीव शब्द का प्रयोग कर रहे हो!

पुरोहित : (हँसकर) राजनीतिक दस्यु! तुम शास्त्रार्थ न करो। क्लीव! श्रीकृष्ण ने अर्जुन को क्लीव किसलिए कहा? जिसे अपनी स्त्री को दूसरे की अंगगामिनी बनने के लिए भेजने में कुछ संकोच नहीं वह क्लीव नहीं तो और क्या है? मैं स्पष्ट कहता हूँ कि धर्मशास्त्र रामगुप्त से ध्रुवस्वामिनी के मोक्ष की आज्ञा देता है।

परिषद् के सब लोग : अनार्य, पतित और क्लीव रामगुप्त, गुप्त-साम्राज्य के पवित्र राज्य-सिंहासन पर बैठने का अधिकारी नहीं।

रामगुप्त : (सशंक और भयभीत-सा इधर-उधर देखकर) तुम सब पाखण्डी हो, विद्रोही हो। मैं अपने न्यायपूर्ण अधिकार को तुम्हारे-जैसे कुत्तों को भौंकने पर न छोड़ दूँगा।

शिखरस्वामी : किन्तु परिषद् का विचार तो मानना ही होगा।

रामगुप्त : (रोने के स्वर में) शिखर! तुम भी ऐसे कहते हो? नहीं, मैं यह न मानूँगा।

ध्रुवस्वामिनी : राम! तुम अभी इस दुर्ग के बाहर जाओ।

रामगुप्त : ऐं? यह परिवर्तन? तो मैं सचमुच क्लीव हूँ क्या?

(धीरे-धीरे हटता हुआ चन्द्रगुप्त के पीछे पहुँचकर उसे कटार निकालकर मारना चाहता है। चन्द्रगुप्त को विपिन्न देखकर कुछ लोग चिल्ला उठते हैं। जब तक चन्द्रगुप्त घूमता है तब तक एक सामन्त-कुमार रामगुप्त पर प्रवाह करके चन्द्रगुप्त की रक्षा कर लेता है। रामगुप्त गिर पड़ता है।)

सामन्त-कुमार : राजाधिराज चन्द्रगुप्त की जय!

परिषद् : महादेवी ध्रुवस्वामिनी की जय!

(यवनिका)

Lector House believes that a society develops through a two-fold approach of continuous learning and adaptation, which is derived from the study of classic literary works spread across the historic timeline of literature records. Therefore, we aim at reviving, repairing and redeveloping all those inaccessible or damaged but historically as well as culturally important literature across subjects so that the future generations may have an opportunity to study and learn from past works to embark upon a journey of creating a better future.

This book is a result of an effort made by Lector House towards making a contribution to the preservation and repair of original ancient works which might hold historical significance to the approach of continuous learning across subjects.

HAPPY READING & LEARNING!

LECTOR HOUSE LLP
E-MAIL: lectorpublishing@gmail.com